하이퍼 젠더

하이퍼 젠더 | 젠더 갈등·정체성 정치·사회분열을 넘는 신 우파 사회계약론

펴 낸 곳 투나미스
발 행 인 유지훈
지 은 이 심규진ⓒ
프로듀서 류효재 변지원
기   획 이연승 최지은
마 케 팅 전희정 배윤주 고은경
초판발행 2025년 12월 15일
초판인쇄 2025년 12월 10일
주소 수원시 권선구 금곡로196번길 62, 제이에스타워 305호 조인비즈 6호
대표전화 010-4161-8077 | 팩스 031-624-9588
이 메 일 ouilove2@hanmail.net
홈페이지 www.tunamis.co.kr
I S B N 979-11-94005-45-2 (03340) (종이책)
I S B N 979-11-94005-46-9 (05340) (전자책)

* 이 책은 저작권법에 따라 보호받는 저작물이므로 무단 전재와 복제를 금하며, 내용의 전부 혹은 일부의 활용은 저작권자의 허락을 받아야 합니다.
* 잘못된 책은 구입처에서 바꿔 드립니다.
* 책값은 뒤표지에 있습니다.

젠더 갈등 · 정체성 정치 · 사회분열을 넘는 신 우파 사회계약론

HYPER GENDER

하이퍼 젠더

심규진

투나
미스

추천의 글

추천사

12·3 비상계엄 이후 법치와 상식, 자유의 질서를 지키고 있는 것은 정치인들이 아니라 깨어나 행동하는 국민들입니다. 특히 자유 수호와 주권 회복을 위해 일어나 싸우고 있는 청년들이 있기에 나라의 미래가 걱정되지 않습니다.

국민들의 자유를 위한 행동은 유튜브와 SNS로 확대되며 디지털 의병이 되어 자유민주주의를 지키고 있습니다. 이를 '상식과 공정을 위한 저항'으로 풀어낸 심규진 교수의 통찰은 청년 세대의 정치적 각성을 깊이 이해하고 있습니다.

비상계엄으로 깨어난 청년들은 '이 나라의 주인은 국민'이라는 진리를 증명한 세대입니다. 이 세대의 싸움은 자유와 법치, 공정과 상식을 지키기 위한 것입니다. 한 세대에서 모든 세대로, 손을 맞잡는 책임과 연대를 통해 자유대한민국이 바로 서기를 기도합니다.

윤석열 드림

우파가 다시 일어설 수 있는, 단비같은 책

장동혁 국민의힘 대표

대한민국의 공론장은 오랫동안 좌편향된 제도와 프레임 속에서 우파가 스스로의 언어를 잃어버린 채 밀려왔습니다. 그 사이 젠더 갈등은 이념보다 더 깊은 균열로 자리 잡았고, 20·30대 남녀의 분노는 정치와 사회 전반을 흔드는 핵심 변수가 되었습니다. 이런 복잡한 현실에서 심규진 교수는 단순한 비판자가 아니라 우파 담론의 지적 설계자로서, 잃어버린 논리와 새로운 언어를 회복시키는 데 앞장서 왔습니다. 『하이퍼 젠더』는 이러한 역할을 압축해 보여주는 상징적인 작업입니다.

이 책은 남녀 대립의 오래된 프레임을 넘어, 공동체에 대한 책임과 시민 정체성이라는 관점에서 한국의 젠더 문제를 다시 설계합니다. 급진 페미니즘과 역차별 논쟁, 군복무와 여성징병제, 각종 할당제 논란, 여가부 문제, PC·정체성 정치의 세계적 확장까지—복잡하게 얽힌 갈등의 구조를 실증적 데이터와 사회심리적 분석을 통해 면밀하게 해부합니다. 무엇보다 2030 세대를 그저 '표'가 아니라 이 나라의 미래 주체로서 진지하게 바라보며, 왜 지금의 청년들이 이토록 크게 분노해 왔는지를 묻습니다.

저자는 '성평등'을 다시 정의합니다. 지금까지의 성평등이 종종 한쪽에게는 '특혜의 성평등'으로, 다른 쪽에게는 '부담의 성평등'으로 체감돼 왔음을 짚어내며 앞으로 우리가 지향해야 할 방향을 "책임의 성평등"이라고 제시합니다. 군복무, 세금, 가족·돌봄, 노동 규칙을 설계할 때 "누가 더 가져갈 것인가"가 아니라 "누가 어떤 책임을 함께 질 것인가"라는 관점으로 전환해야 한다는 주장입니다. 이는 우파가 오랫동안 말하고 싶었으나 제대로 표현하지 못했던 핵심 가치—자유, 공정, 책임—을 명료하게 복원해줍니다.

『하이퍼 젠더』는 편하게 읽는 책은 아닙니다. 익숙한 상식과 구조를 흔들고 불편한 질문을 던지기 때문입니다. 그러나 이 불편을 통과하지 않고서는 젠더 갈등도, 세대 갈등도, 우파의 미래 담론도 앞으로 나아갈 수 없습니다. **지금의 담론 지형에서 우파가 다시 일어설 수 있도록 해주는, 말 그대로 한 줄기 단비 같은 책입니다.**

분노 이후의 한국 사회를 고민하는 청년들에게, 정치적 갈라치기를 끝내고 새로운 사회계약을 쓰고자 하는 모든 시민에게, 그리고 대한민국 우파가 다시 사유하고 다시 언어를 갖추길 바라는 이들에게 『하이퍼 젠더』를 강력히 권합니다.

2030의 부상, 정치의 회복

이진숙 전 방송통신위원장

2025년 현재 대한민국에서 정치는 죽었다. 표준국어대사전은 정치를 "국가의 권력을 획득하고 유지하며 행사하는 활동으로, 국민들이 인간다운 삶을 영위하게 하고 상호 간의 이해를 조정하며, 사회 질서를 바로잡는 따위의 역할을 한다"고 정의하고 있다. 이 정의에 따라 작금의 대한민국을 볼 때 정치가 제대로 작동하고 있는가. 국민들은 인간다운 삶을 영위하는지, 또 상호 간의 이해가 제대로 조정되고 있는지, 사회 질서는 바로잡힌 상태라고 할 수 있는지 질문해 볼 때 정치는 실종되었다고 해도 과언이 아닐 것이다.

윤석열 대통령의 계엄과 탄핵을 기점으로 「국민의힘」과 그 지지세력은 목소리를 죽인 채 스스로를 단죄하고 반성하고 있다. 그들은 친계엄과 반계엄, 친탄핵과 반탄핵으로 그나마 얼마 되지 않는 세력들을 살라미 식으로 분절하면서 상대방에게 비난과 비판의 손가락질을 계속해오는 상황이다. 어떤 면에서 이런 내부 논쟁은 소득 없는 소모전이라고 생각된다. 계엄이 옳았던 것인지, 탄핵이 적절했던 것인지는 지진대가 갈리는 지진단층선 만큼이나 선명하고 날카롭게 서로를 분리하고 있으며 결합은 불가능하기 때문이다.

「국민의힘」과 그 지지세력 내부에서 벌어지고 있는 소모적인 논쟁을 보면서 1994년에서 2011년까지 미국 정부가 실시한 DADT(Don't Ask, Don't Tell) 정책을 벤치마킹하자고 제안하고 싶다. 당시 성적 정체성과 관련해 특히 미국의 군이 이 문제를 어떻게 처리할 것인지를 두고 엄청난 논쟁이 벌어졌다. 클린턴 정부는 정답이 없는 군대 내 성적 정체성 문제와 관련해 "묻지도 말고 답변도 하지 말라"는 정책을 시행했다. 동성애자와 양성애자에 대해 군 복무를 허용하지 않았지만 군 당국이 군인의 성적 정체성을 조사하는 것도 금지하도록 하는 것이 DADT의 핵심이었다. 어쩌면, 계엄과 탄핵을 둘러싼 논쟁에 일단 종지부를 찍는 것 역시 서로 묻지도 말고 따지지도 않게 하는 DADT 정책이 맞을런지도 모르겠다.

심규진 교수의 『하이퍼 젠더』를 읽으며 붕괴된 보수 정치 세력의 재기와 관련한 생각을 하다가 떠오른 것이 DADT였다. 심 교수의 책에서 주목한 부분은 2030세대의 정치적 각성이었다. 실제 계엄과 탄핵 사태를 겪으면서 새로운 정치 세력으로 부상한 2030세대는 "디지털 의병단"과 "팬덤 우파"를 형성하면서 우파 정치의 중요한 기둥으로 우뚝 섰다. 지금까지 포퓰리스트적인 정권들이 여성할당제 등을 제시하면서 특정 성의 지지를 얻어왔다면 정치적으로 각성한 신(新)청년들은 지역과 성별을 초월해 "특정 정치 세력에 일방적으로 귀속되지 않고 상황에 따라 독립적이고 유동적으로 판단하는 태도를 유지"하는 경향이 있다.「국민의힘」을 중심으로 한 우파 정치 세력의 희망이 이 새로운 신(新)청년 세대에 있다는 분석이다.

심규진이 제안하는 "하이퍼 젠더(hyper-gendr)"는 정체성 정치를 넘어 "국가와 공동체의 책임을 중심에 두면서, 젠더가 아닌 시민으로, 피해자·가해자가 아니라 국익의 동등한 주체로 남성과 여성을 재정의하는 패러다임"이다. 기성 정치가 보수 대 진보, 우파 대 좌파, 영남 대 호남, 남성 대 여성, 가해자 대 피해자 등으로 양분하는 정치였다면, 하이퍼 젠더는 공동체의 이익과 개인의 책임을 바탕으로 공정한 시민으로서의 역할을 강조한다. 기성 정치세력이 하지 못했던 작업이 대한민국 역사의 이 지점에서 가능할 것이라고 희망을 갖게 되는 것은 2030의 정치적 각성과 부상이다. 2030 신(新)청년들은 물론, 앞선 세대들도 『하이퍼 젠더』에서 통찰의 실마리를 얻기를 바란다.

우리 세대의 언어로 쓴 새로운 사회계약

김민수 국민의힘 최고위원

우리는 자유·공정·상식을 말하면 "꼰대" 취급받고 군대·젠더·안보 이야기를 꺼내면 바로 "극단"으로 낙인찍히는 시대에 살고 있다. 정치권조차 2030의 분노와 피로를 이해하기보다 이용하려 들 때가 많았다. 그래서 『하이퍼 젠더』를 읽으며 "드디어 우리 세대의 언어로 쓰인 책이 나왔다"는 생각을 했다.

이 책은 2030 남녀를 "갈라쳐야 할 표"가 아니라 함께 국가를 책임질 시민으로 바라본다. 군대와 여성징병제, 여가부와 할당제, 반중 정서와 코리아 퍼스트, 디지털 의병단과 팬덤 우파까지—우리가 매일 온라인에서 싸우고 토론하던 주제를 감정이 아니라 데이터와 사례, 그리고 새로운 사회계약의 언어로 친절히 정리했다.

특히 인상 깊었던 내용은 저자가 세계 정치의 흐름 속에서 한국의 2030을 읽어냈다는 점이다. 유럽 우파의 부상과 스페인의 경제 실험, 북유럽의 여성 징병제, 트럼피즘의 구조개혁까지—이 모든 것이 한국 보수가 어디로 가야 하는지에 대한 실마리를 제공한다. 우리는 고립된 싸움을 하는 것이 아니라 세계 자유 시민과 같은 전선에 서 있다는 것을 이 책은 분명히 보여준다.

"권리에는 의무가, 혜택에는 책임이 함께 가야 한다"는 상식을 "'하이퍼 젠더'라는 개념으로 다시 세워 준 것도 인상 깊었다. 남성과 여성을 피해자와 가해자로 나누는 낡은 프레임이 아니라 국가 공동체를 떠받치는 동등한 주체로 재정의하는 시도는 젠더 갈등을 극복할 유일한 출구일지도 모르겠다.

정치가 프레임 싸움에 빠져 허우적거릴 때 국민은 이미 한발 앞서 나가 있었다. 계엄과 탄핵 정국에서 2030이 보여준 정치적 각성, 광화문과 서초 거리에서 터져 나온 목소리, 온라인 커뮤니티에서 펼쳐진 팩트 전쟁과 서사 재구성의 힘—이 책은 그 국민, 특히 2030의 현주소를 정확히 보여주고 있다. 단순히 현상을 진단하는 데 그치지 않고 충청에서 시작된 우파 재편 지도를 비롯하여 광주를 향한 새로운 시선, 이준석 의제의 흡수, 그리고 식물성 우파에서 동물성 우파로의 전환까지 한국형 실용보수의 10년 전략을 구체적으로 제시하기도 했다. 이는 거창한 이념의 개조가 아니라 이미 체감하고 있는 변화를 정치적 언어로 번역해 내는 작업인 셈이다.

국민의힘 최고위원으로서, 동시대를 살아가는 정치인으로서 이 책이 한국 보수가 나아가야 할 방향과 우리가 어떤 방식으로 싸워야 하는지에 대한 훌륭한 지침서가 되리라 확신한다. 보수는 더는 과거의 유산을 부끄러워하거나 좌파의 언어를 모방해서는 안 된다고 본다. 우리 본연의 장점—자유, 성장, 공정, 책임—이 2030의 감수성과 결합될 때 비로소 다음 10년을 설계할 수 있을 것이다. 자유민주주의와 공정한 경쟁, 그리고 책임 있는 성평등을 믿는 모든 청년과 독자에게 『하이퍼 젠더』를 자신 있게 권한다. 우리가 함께 써 내려가야 할 새로운 사회계약의 시작이기 때문이다.

갈등을 읽는 역사의 눈

전한길 전한길뉴스 대표

산업화와 민주화, 냉전과 분단, 386과 2030, 보수와 진보. 우리는 늘 갈등의 최전선에서 살아왔다. 지금의 젠더 갈등도 언젠가는 하나의 역사적 장면이 될 것이다. 다만 그 장면이 혐오의 기억으로 남을지, 갈등을 넘어선 경험으로 남을지는 우리의 선택에 달려 있다.

『하이퍼 젠더』는 이 문제를 단순한 남녀 싸움이나 진영 간 구호 경쟁으로 보지 않는다. 역사 강사의 눈으로 보면, 한국 현대사가 만든 세대·계층·젠더 구조 위에 오늘의 갈등이 어떻게 쌓였는지를 차근히 보여주는 시도다. IMF 이후 불안정한 노동시장, 부동산·교육·취업의 압박 속에서 성장한 청년, 온라인 공론장과 실시간 여론 변동을 겪은 디지털 네이티브 세대 속에서 젠더 문제는 정책 논쟁을 넘어 정체성과 생존의 문제처럼 느껴지게 되었다.

역사는 묻는다. 왜 어떤 시대에는 계급이, 또 어떤 시대에는 이념이나 젠더가 전면으로 떠오르는가. 『하이퍼 젠더』는 세계 정치의 흐름과 한국의 특수성을 함께 놓고 이 질문을 살핀다. 그래서 한 진영의 주장이라기보다 우리가 어디에 서 있는지를 이해하기 위한 사료이자 분석서에 가깝다.

이 책의 장점은 감정보다 구조를, 구호보다 맥락을 보려 한다는 점이다. 우리는 종종 "너는 어느 편이냐"를 먼저 묻지만, 역사는 "당신이 선 자리 뒤에는 어떤 역사적 맥락이 있는가"를 묻는다. 이 책은 2030세대가 왜 그런 선택을 하는지, 어떤 경험과 서사를 공유하는지 데이터를 통해 설명하며, 동의하든 말든 '내가 싫어하던 그 입장'의 배경을 한 번쯤 들여다보게 만든다.

나는 "사관은 달라도 팩트는 존중해야 한다"고 말해 왔다. 젠더와 세대를 보는 관점은 서로 다를 수 있지만, 실제로 어떤 일과 자료가 존재하는지는 냉정하게 마주해야 한다. 그런 점에서 『하이퍼 젠더』는 자신이 선 위치를 확인하고 동시에 상대의 위치를 이해하고자 하는 독자에게 유용한 생각의 틀을 제공할 것이다.

언론이 놓친 청년 세대의 신호

이영풍 자유유튜브총연합회 회장

지난 몇 년, 뉴스 안팎에서 '공정'과 '혐오'라는 말이 난무했지만 공정이라는 말은 진영에 따라 다르게 쓰였고 혐오라는 말 역시 상대를 침묵시키는 낙인이 되기도 했다.

공영방송은 격렬한 갈등을 중계·검증하기보다 때로는 특정 진영의 언어를 확대·재생산하는 통로가 되고 말았다. 젠더와 세대, 이념과 계층 갈등이 섞인 대형 사건에서 뉴스는 되레 갈등을 부추기곤 했다. 『하이퍼 젠더』는 젠더 문제를 남녀 싸움의 프레임에 가두지 않는다. 대신 정체성 정치, PC 권위주의, 급진 페미니즘이 어떻게 2030세대의 분노와 저항을 불러왔는지, 그 과정에서 공영방송을 포함한 한국 언론이 어떤 역할을 했는지 장면으로 묻는다. 언론계에 오랫동안 몸담아 온 사람으로서 이 책의 문제의식에 공감하는 부분이 적지 않다.

이 책은 데이터와 사례로 2030세대의 변화를 설명한다. 낙인찍기식 여론몰이가 아니라 "왜 그들은 그런 선택을 했는가"라는 질문에서 출발한다. 소셜미디어, 온라인 커뮤니티, 거리 집회, 그리고 공영방송 뉴스를 오가며 형성된 2030의 정치의식을 하나의 연속된 흐름으로 보여준다.

또한 우파 내부를 향한 질문도 피하지 않는다. "보수는 왜 청년을 잃었는가, 그리고 어떻게 다시 만날 것인가?"라는 질문에 공허한 구호가 아닌 정책과 서사로 답하려 한다. 복지에서 기회로, 시혜에서 공정 경쟁으로, 보수정치의 언어를 바꾸자는 제안은 언론이 던져온 비판과도 맞닿아 있다.

아울러 저자가 제시하는 '하이퍼 젠더' 개념은 남성과 여성의 대립을 부추기는 프레임이 아니라 국민으로서 동등한 책임을 전면에 세우자는 제안이다. 권리와 의무의 대칭, 공정과 책임·헌신의 회복이라는 키워드는 공영방송의 편파성을 비판해온 많은 이들이 오랫동안 주장해온 가치와도 맞닿아 있다.

젠더와 세대 갈등이 첨예한 지금, 공영방송과 언론이 해야 할 역할은 어느 한쪽의 언어를 대신 읽어주는 일이 아니라 서로 다른 목소리가 사실·데이터·원칙 위에서 부딪치게 하는 일이다. 그런 점에서 『하이퍼 젠더』는 갈등의 언어를 반복하는 책이 아니라 갈등을 해석하고 토론의 테이블 위에 올리는 책이다. 언론이 놓친 청년 세대의 신호를 읽어내고 편파와 낙인, 침묵 강요를 넘어 다시 공론장을 열기 위해 무엇을 해야 하는지 고민하게 만든다.

젠더와 세대 이슈는 앞으로도 한국 정치와 언론의 구조를 바꿀 핵심 변수다. 그 논쟁 가운데 『하이퍼 젠더』는 하나의 실마리를 제공한다. 동의하든 반대하든, 이 책을 읽고 나면 적어도 상대의 논리와 배경을 이해하지 못한 채 손가락질부터 하는 일은 줄어들 것이다.

정치적 올바름을 넘어, 전략적 보수로

김성원 GROUND C 대표

서구적 정치적 올바름(PC)은 현대인들의 사고와 표현의 자유에 족쇄를 채웠다. 이는 미국의 트럼프 현상과 유럽의 우파 정치의 부활로 붕괴의 길을 걷고 있다. 한국에도 폭력적인 정치적 올바름이 작동하고 있다. 반중을 하면 '혐중'이 되고, 선거와 국민주권을 얘기하면 '음모론'이 된다. 역사관은 '뉴 라이트'로, 보수적 견해는 '극우'로 매도 된다. 이런 상황에서 심규진 교수가 깊은 통찰과 유려한 필체로 한국의 보수, 특히 2030 청년들의 세상을 정확하게 보고 전략적으로 싸울 수 있는 그릇을 만들어 주었다. 이는 좌파 전체주의 체제에 맞서는 강력한 무기가 될것이다.

갈등이 아닌 조화로

김찬혁 이대남의 우회전 대표

『하이퍼 젠더』는 세계 곳곳에서 벌어지는 정체성 정치의 흐름, PC(정치적 올바름)논쟁, 성별 및 세대 갈등, 청년 세대의 정치적 전환을 실증과 사례로 정리하며, 우리가 어떤 시대적 변곡점 위에 서 있는지 명확하게 보여줍니다. 그리고 이것은 세계 곳곳의 이야기만이 아닌 2025년 대한민국에 더욱 짙게 나타나고 있음을 보여주고 있으며, 청년의 때를 살아가는 저의 입장에서 이러한 문제는 실제 학교/사회/미래 생활을 위해 중요한 쟁점이기도 합니다.

『하이퍼 젠더』 저자는 다양성·소수자 인권·젠더 평등이라는 민주주의의 성취가 어느 순간부터 '논쟁의 대상'이 아니라 '신념의 대상'이 된 문제점을 짚고 있습니다. 주변/학교/사회생활 속 우리에게 벌어지는 일들만 보더라도 특정 입장만이 "도덕적으로 옳은 것"으로 간주되기 시작했고 이견은 '혐오'나 '차별'이라는 이름으로 배제되는 분위기가 있습니다. 그 결과 우리는 말할 수 있는 것과 말하면 안 되는 것을 끊임없이 계산하게 되었습니다. 이 뜻은 이러한 갈등만으로 인해 표현의 자유가 위축된 상황이란 것입니다. 이에 따른 반발은 비공개적 공간에서 더욱 거칠고 격렬한 방식으로 표출되고 있습니다.

연구와 현장 모두 깊게 경험해 온 『하이퍼 젠더』의 저자 심규진 교수는 이러한 시대적 흐름 속 2030세대의 특성을 정확하게 이해하며, 2030세대의 갈등을 야기하는 일들에 대한 해결책을 제시합니다. 각각의 주제마다 갈등으로 극단화된 세상 속에서 우리가 지켜야 할 가치들을 알려주고 있습니다.

전통적 가정을 존중하며, 『하이퍼 젠더』에서 말하는 "패밀리즘"을 지키고자 하시는 분들이라면, 갈등이 아닌 표현의 자유를 지키고자 하시는 분들이라면, 성별 간 혐오가 아닌 조화를 지키고자 하시는 분들이라면, 반드시 읽어보시길 추천드립니다.

세대를 초월하는 통찰

박민영 국민의힘 미디어대변인

어떤 시대건 청년들은 늘 기득권에 저항해왔다. 때문지 않은 청년의 목소리는 주류 세대의 독주를 막는 견제구로 작용했고, 장강의 뒷물이 자연스레 앞물을 밀어내듯 세대교체의 사명을 달성하고 역동적인 미래의 주인공이 되었다.

단기간 고도 성장을 달성한 대한민국에서 이러한 세대론은 더 선명하고 첨예하게 작동한다. 젊을적 민주화를 부르짖으며 산업화 세대를 밀어내고 주류 세력으로 자리한 86세대는 철저히 기득권의 언어로 청년들의 삶을 옥죄고 있다.

'더 내고 더 받는' 연금개악, 신규채용에 직격탄으로 작용할 호봉제 폐지 없는 정년연장, 젊은 남성들의 희생을 강요하며 청년 세대를 갈라치는 젠더 정책, 민주화 서사만을 성역화하는 악법 등. 현재의 풍요를 위해 미래를 담보 잡는 망국적 통치가 청년들의 삶을 위태롭게 만들고 있다.

청년들은 깨어났지만 국민의힘은 여전히 잠들어 있다. 청년들 역시 좌파 세력을 거부하고 보수 진영을 지지하지만, 그 지지세가 정당까지 생착되지는 못하고 있다. 그러한 위기의 대한민국에 가장 필요한 메시지를 던지고 대안을 제시하는 것이 바로 '하이퍼 젠더'다.

결과가 공정할 수 없다면 경쟁의 과정만이라도 공정하게 만들어 달라는 청년들의 절규. 그 울분과 응어리를 이해하고 짊어질 수 있는 자가 차세대 리더가 된다. 그러한 이해의 단초를 제공할 수 있는 '하이퍼 젠더'의 깊은 통찰에 경의를 표하며 추천하는 이유다.

변화를 읽는 눈, 시대를 꿰뚫는 통찰

이해준 해준TV 대표

요즘 2030세대 사이에서 '좌포티', '틀포티' 같은 말이 자연스럽게 쓰일 만큼 기성 좌파 정치의 행태는 하나의 인터넷 개그처럼 소비되고 있습니다. 그만큼 지금 20대는 정치적 관심도 높고 팩트와 프레임을 구분하는 감각이 누구보다 뛰어납니다.

『하이퍼 젠더』를 읽으며 가장 크게 느낀 건, 심규진 교수는 이 변화의 흐름을 2030보다 먼저 정확히 이해하고 있었다는 점입니다. 인터넷 밈, 데이터 분석, 대중정서, 세대정치를 아우르는 그의 시각은 단순한 학문적 분석을 넘어섭니다. 심규진 교수는 한 시대의 정치판을 단순히 해석하는 학자가 아니라, 변화의 핵심을 꿰뚫는 '실전형 분석가'입니다.

특히 이 책에서 다룬 20대의 정치적 각성, 기성 언론과 정치 구조에 대한 불신, 그리고 디지털 공간에서 벌어진 프레임 전쟁을 설명하는 방식은 지금 콘텐츠를 만드는 저 같은 20대 유튜버에게도 "아, 이 사람은 진짜 현장을 알고 있구나"라는 확신을 주었습니다.

윤석열 대통령에 대한 젊은 세대의 지지도 역시 심 교수는 누구보다 정확하게 해석합니다. 20대가 윤 대통령에게서 느낀 '진짜다'라는 감정, 국가를 먼저 두고 본인의 위험을 감수한 결단에 담긴 진정성, 그리고 당연한 일을 당연하게 바로잡는 리더십이 왜 2030에게 특별한 울림이 되었는지를 학문적 언어로, 그러나 현실감 있게 설명해냅니다.

심 교수의 가장 큰 강점은 현실의 흐름을 놀라운 통찰로 정리해내는 능력, 그리고 진영과 세대를 넘어 공통의 감각을 정확하게 포착하는 시야입니다. 그의 글은 복잡한 사건을 단순화하지 않으면서도 누구나 이해할 수 있는 구조로 재배열하고 흩어진 시대의 신호를 하나의 흐름으로 만들어냅니다.

그렇기 때문에 『하이퍼 젠더』는 기성세대에게는 지금의 시대를 다시 이해하는 안내서가 되고 2030에게는 자신들이 왜 그 감각을 갖게 되었는지 설명해주는 지도이기도 합니다.

심규진 교수는 지금 대한민국에서 가장 주목해야 할 지성 중 한 사람이며, 이 책은 앞으로도 오래 읽힐 '정치 분석서의 기준'이 될 것이라 확신합니다. 해준TV의 이름으로, 이 책을 자신 있게 추천합니다.

프롤로그

2025년 9월 10일, 미국 유타주 오렘에 있는 유타밸리대학교. 보수 성향 청년 운동가 찰리 커크가 '아메리칸 컴백 투어'의 첫 일정으로 야외에 설치된 텐트형 단상에 오르자, 학생들은 또 하나의 캠퍼스 정치 강연 정도로 여겼다. 단상 뒤 전광판에는 그의 이름과 행사명이 떠 있었고 약 3천 명에 이르는 관중은 그를 유심히 바라보고 있었다.

강연이 시작되고 얼마 지나지 않아 한 학생이 마이크를 잡고 미국 내 총기 난사 사건에 대해 질문을 던졌다. 커크가 "갱 범죄를 포함하느냐에 따라 숫자가 달라진다"고 응수하며 설전을 이어가던 바로 그 순간, 단상에서 약 130미터 떨어진 캠퍼스 건물 옥상에서 단 한 발의 총성이 울렸다. 고속 탄환은 그의 목 왼쪽을 관통했고 커크는 피를 쏟으며 단상 위에 그대로 쓰러졌다. 곧 여럿이 그를 SUV에 실어 인근 병원으로 옮겼지만 몇 시간 뒤 그는 끝내 숨을 거두었다.

수사 당국은 현장 인근 숲에서 스코프가 장착된 볼트액션 라이플을 수거하고 주변 CCTV와 휴대전화 영상을 분석해 22세 유타주 출신 남성 타일러 제임스 로빈슨을 용의자로 특정했다. 사건 다음 날 아버지의 신고와 중재를 통해 로빈슨이 당국에 자수했고 검찰은 그에게 가중살인 등 여러 혐의를 적용해 기소하면서 정치·이념적 동기가 있는 '저격 암살'이라고 규정했다. 공개된 문자 메시지 등에 따르면 그는 커크의 발언과 특히 성소수자·트랜스젠더 이슈에 대한 태도를 "증오를 퍼뜨리는 말"로 규정했고 사건 약 일주일 전부터 범행을 준비해 온 것으로 드러났다. 다만 최종적인 범행 동기와 배경은 현재 진행 중인 재판에서 다뤄질 사안이다.

한 사람의 비극에 그치지 않는 사건이었다. 합의와 토론이 아니라 제거와 응징이 정치 행위가 되는 순간, 민주주의의 규칙은 더 이상 작동하지 않는다. 그리고 이 장면은 결코 미국만의 이야기가 아니다.

같은 해 겨울, 서울의 한 원룸에서 토요일 저녁을 보내던 20대 청년이 있다. 책상 위에는 노트북이, 손에는 휴대폰이 쥐어 있다. 노트북 화면에는 전국적으로 '세이브 코리아' 집회가 실시간 중계되고 있다. 거리에는 태극기와 성조기가 섞여 나부끼고 연단 위에서는 젊은 연사들이 마이크를 잡고 목소리를 높인다. 하지만 이 청년의 눈은 노트북보다 휴대폰 화면을 더 자주 본다.

유튜브 라이브 채팅창에는 실시간 댓글이 쏟아지고 디시인사이드와 텔레그램 채널에는 집회 현장을 찍은 영상과 짤, 밈(meme)이 순식간에 올라왔다. 누군가는 대통령 지지 연설을 자막과 편집으로 재가공해 숏폼으로 만들고 누군가는 "지금 여의도/광화문 사람 진짜 많냐?"라고 물었다. 답변 대신 올라오는 건 드론으로 찍은 사진과 항공영상 캡처였다.

둘은 전혀 다른 장소에 있지만 같은 시대를 살고 있다. 한쪽에서는 총성이 울리고 다른 쪽에서는 손가락이 채팅창을 두드린다. 그러나 두 세계를 관통하는 정서와 구조는 닮아 있다.

"우리"와 "그들"
"상식"과 "극단"
"미래를 지키려는 사람들"과 "나라를 망치는 사람들"

다른 언어를 쓰지만 같은 전선이 그어져 있다. 세계 정치와 한국 정치, 유타 행사장의 총성과 서울 원룸의 라이브 스트리밍을 서로 아무 상관없는 사건으로 보지 않고 같은 시대의 다른 단면으로 읽어보자는 시도다.

유타에서 벌어진 일은 극단적인 정치 폭력의 표본이다. 정치적 반대자를 설득의 대상이 아니라 제거의 대상으로 보는 태도, 이는 20세기 전체주의의 망령이 다시 돌아온 듯한 모습이다. 그러나 21세기의 극단은 더는 군복과 전차를 입지 않았다. 대신 해시태그와 알고리즘, 각자의 타임라인과 커뮤니티 속에서 자랐다.

정치는 점점 '타협의 기술'이 아니라 '부족전쟁'이 되어가고 있다. 한국에서도 비슷한 변화가 일어나고 있다. 문재인 정권 5년과 윤석열 정권 출범 이후를 거치며 2030세대는 기존 보수·진보라는 잣대로 설명하기 어려운 독특한 정치 감수성을 형성했다. 이 세대는 기성 언론과 정치에 대한 불신을 바탕으로 유튜브·디시인사이드·스레드·디스코드·숏폼 영상 같은 디지털 서브컬처 공간에서 스스로 정보를 해체하고 다시 조립했다. 부정선거 논란에서 '형상기억 용지'와 개표 데이터 분석을 직접 시도하고 여성가족부·여성 할당제·군 가산점 논쟁에서 자신에게 돌아오는 이득과 손해를 속도감 있게 계산했다.

탄핵 정국에서 벌어진 'CIA 대첩'은 이 감수성을 상징적으로 보여주었다. 탄핵 찬성 집회에 물품을 지원한 연예인을 향해 한 미국인 우파 유튜버가 "CIA에 신고했다"는 제목의 영상을 올리자 한국의 2030은 그것을 하나의 디지털 놀이이자 정치적 풍자로 즐겼다. "개념 연예인"은 더 이상 절대적 영향력의 주체가 아니라 밈과 드립의 소재가 된 것이다.

또 다른 장면들은 이 세대가 어떻게 정치의 주체가 되어 가는지를 보여준다. 계엄·탄핵 사태를 계기로 등장한 디지털 의병단, 재테크 유튜버와 1타 강사, 기독 청년단체, MZ 인플루언서들이 자발적으로 만들어내는 '옴니채널 정치', 광화문과 서초 출근길에서 진행되는 대규모 집회, 동시에 진행되는 실시간 스트리밍과 채팅, 밈 전쟁과 데이터 분석은 더 이상 2030을 "정치에 무관심한 세대"라고 부르기 어렵게 만들었다.

이 과정에서 한국 보수는 전혀 다른 의문과 마주하게 되었다.

"보수는 여전히 6070과 영남의 정당으로 남을 것인가, 아니면 2030과 충청, 나아가 호남의 일부까지 포함하는 새로운 대중 우파로 재편될 것인가?"

충청에서 시작된 장동혁 체제, 2030 남성의 군대·젠더 감수성, 반중 정서와 코리아 퍼스트, 유럽 우파의 부활과 스페인의 실험은 모두 이 질문과 연결되어 있다.

유럽에서는 이미, 복지국가의 심장부에서조차 청년층이 우파 정치의 핵심 지지층이 되고 있다. 스웨덴의 스웨덴민주당, 이탈리아의 이탈리아형제들, 프랑스의 국민연합, 스페인의 복스는 "극우"라는 낙인 속에서도 공정·질서·성장·정체성의 언어로 MZ세대를 끌어들이고 있다. 한국의 2030이 보여주는 반PC·반중·반기본소득·실용주의 성향은 이 흐름과 묘하게 겹쳐진다.

이 책은 어느 한쪽 진영의 선전문이 아니다. 다만 분명히 하고 싶은 것이 하나 있다면, 지금 세계와 한국에서 벌어지는 일은 "어느 나라의 특수한 사건"이 아니라 같은 시대를 사는 우리 모두의 문제라는 점이다. 유타의 강의실과 서울 원룸, 스웨덴의 선거와 광주의 봉선동, 마드리드의 전기요금과 한국 2030의 주식 계좌, 이 모든 장면은 서로 멀리 떨어져 있는 것처럼 보이지만 실은 하나의 질문을 향해 나아가고 있다. **"이 양극단의 시대에, 우리는 어떤 민주주의와 어떤 보수를 선택할 것인가."**

CONTENTS

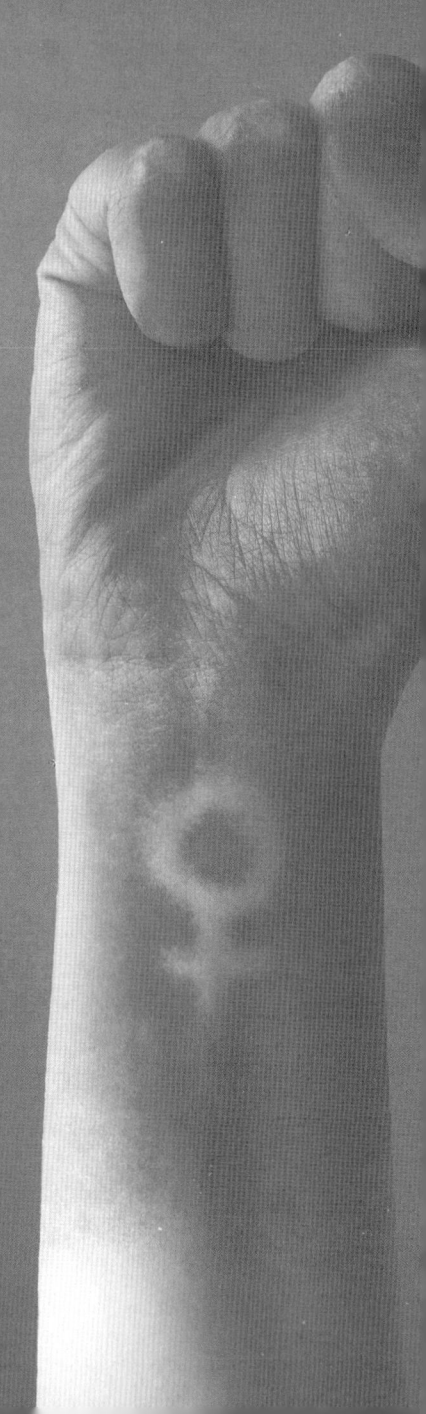

추천의 글

프롤로그

PART 1 양극화시대, 민주주의의 시험대

Chapter 01 세계 정치, 다시 '부족전쟁'으로 _041

Chapter 02 분노의 정치, 포퓰리즘 우파 _057

Chapter 03 유럽을 뒤흔든 우파의 귀환 _071

Chapter 04 침몰한 보수, 재건의 조건 _089

PART 2 2030과 하이퍼 젠더, 새 정치의 등장

Chapter 05 성의 반란에서 욕망의 정치로 _107

Chapter 06 테일러처럼 반격하라, 하이퍼 젠더 혁명 _141

Chapter 07 디지털 의병단과 팬덤 우파 _149

Chapter 08 2030 남성, 군대와 여성징병제 _163

Chapter 09 2030의 대외 감수성 _177

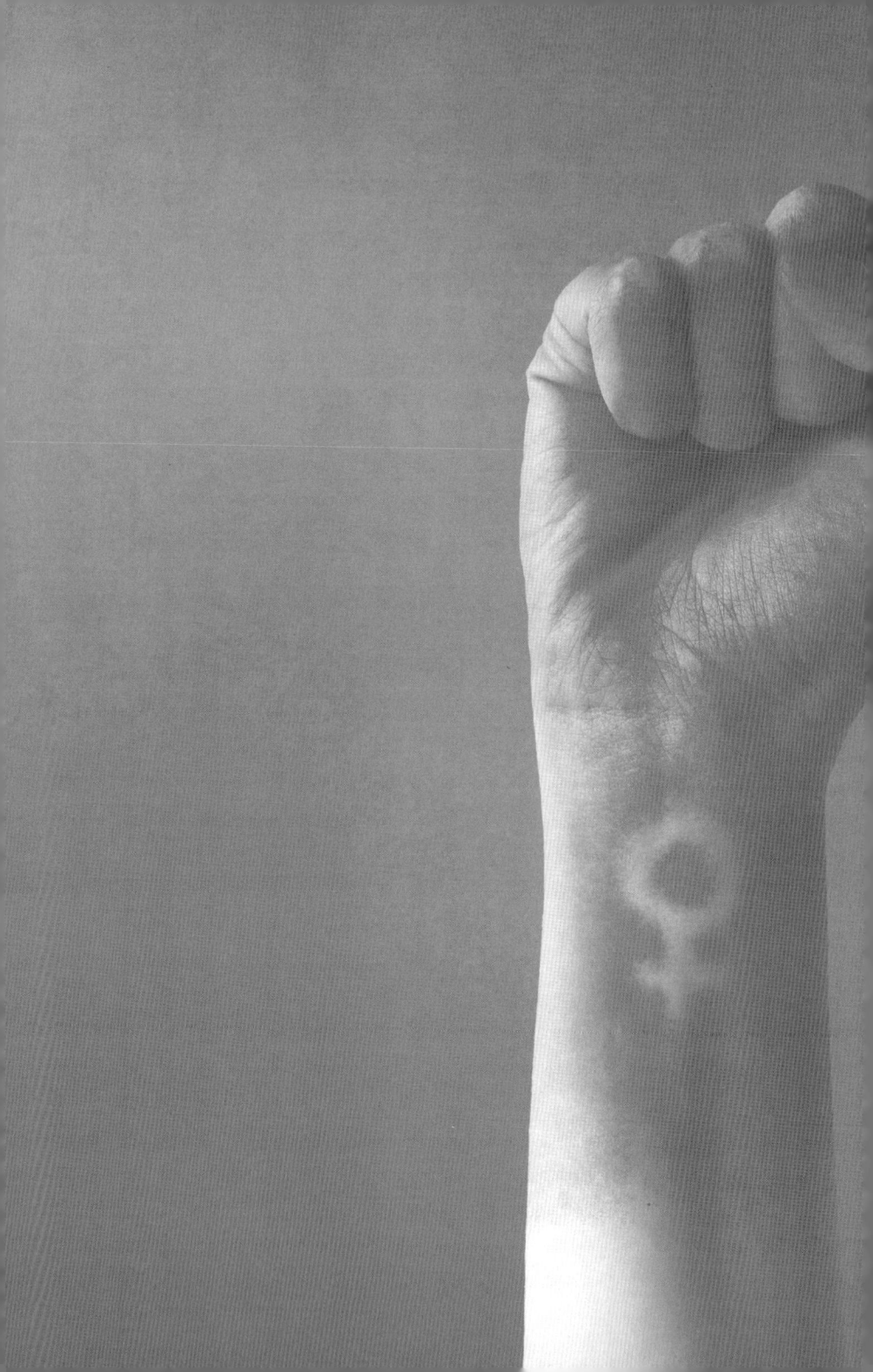

PART 3 한국 보수, 어디로 갈 것인가?

Chapter 10 충청에서 본 우파 재편 지도 _195

Chapter 11 비상계엄 1년, 정치의 재실험 _207

Chapter 12 식물성 우파에서 동물성 우파로 _219

Chapter 13 한국형 실용보수의 10년 전략 _235

PART 4 경제·지역·국방에서 본 미래

Chapter 14 스페인, 유럽의 숨은 엔진인가 _249

Chapter 15 군대를 브랜드로 만든다는 것 _261

Chapter 16 2030과 함께 그리는 한국의 다음 10년 _275

에필로그 | 감사의 글 | 참고문헌

PART 1

양극화시대, 민주주의의 시험대

Chapter 01 세계 정치, 다시 '부족전쟁'으로

9월의 어느 날, 미국 유타주 오렘의 유타밸리대학교. 청년 보수 활동가 찰리 커크가 캠퍼스 야외 행사장에 설치된 단상에 서서 강연을 시작한 지 몇 분 되지 않았을 때였다. 그 시각, 약 100미터 이상 떨어진 교내 건물 옥상에 숨어 있던 스물두 살 청년이 라이플을 들고 아래를 내려다보고 있었다. 아래에 있던 학생들은 그가 방아쇠를 당길 것이라고는 상상하지 못했다. 단 한 번의 총성이 울리고 커크는 목에 탄환을 맞고 단상 위에 쓰러졌다. 범행 동기는 놀라울 만큼 단순했다. 수사 과정에서 드러난 바로는 그는 커크의 정치적·사회적 발언이 증오를 퍼뜨린다고 믿었고 그 정치적 신념에 대한 적개심이 범행의 이유였다고 진술했다. 이 사건은 우발적 광기라기보다, 오늘날 민주주의가 어떤 상태에 와 있는지를 상징적으로 보여준다.

정치는 서로 다른 의견과 이해관계를 조정하여 공통의 규칙을 만들어 가는 과정이어야 한다. 그러나 유타 행사장에서 벌어진 일은 정반대였다. 마음에 들지 않는 상대를 설득하는 대신 아예 제거해 버리는 방식의 정치. 이것은 민주주의가 아니라 전쟁의 논리다.

왜 지금 세계 정치가 다시 '전쟁의 언어'로 회귀하고 있는가. 어떤 과정 속에서 정치적 경쟁이 타협의 기술이 아니라 '부족전쟁'이 되었는가.

극단의 얼굴은 바뀌었지만, 극단은 사라지지 않았다

20세기의 극단은 이해하기 쉬웠다. 한쪽 끝에는 히틀러와 무솔리니로 대표되는 파시즘과 나치즘이 있었고 다른 쪽 끝에는 레닌·스탈린·마오로 상징되는 공산혁명이 있었다. 극우는 강력한 국가와 군국주의, 인종주의를 내세웠고 극좌는 계급투쟁과 프롤레타리아 독재를 꿈꿨다. 둘 사이의 싸움은 국기와 군복, 전차와 공장의 이미지로 상징되는, 그야말로 "이념과 국가의 전쟁"이었다.

하지만 냉전이 끝나고 소련이 붕괴하고 글로벌라이제이션의

물결이 세상을 덮으면서 이 오래된 극단의 그림은 서서히 퇴장했다. 전차를 앞세운 정복전쟁도, 붉은 깃발을 들고 궁전을 점령하는 혁명도 더 이상 현실적인 정치 상상력으로 받아들여지지 않는다. 언뜻 보기에 극단의 시대는 끝난 것 같았다. 그러나 극단은 사라지지 않았다. 그냥 옷을 갈아입었을 뿐이다.

오늘날 우리는 "극우·극좌" 대신 "포퓰리즘 좌파·포퓰리즘 우파", 혹은 "신우파"라는 이름을 더 자주 듣는다. 이들은 과거의 극단처럼 국가와 이념을 전면에 내세우지 않는다. 대신 생활과 감정을 앞세운다. 세금, 일자리, 범죄, 난민, 젠더, 기후, 소수자 권리와 같은 구체적인 이슈들이 정치 갈등의 전면에 배치된다.

포퓰리즘 좌파는 대기업·금융자본·슈퍼리치에 대한 분노를 조직한다. "1%의 부자들이 99%의 삶을 착취하고 있다"는 서사로 불평등과 불공정을 설명한다. 포퓰리즘 우파는 이민자·난민·범죄·문화 변화에 대한 불안을 건드린다. "우리 동네와 일자리와 치안을 엉망으로 만든 건 PC와 다문화주의"라는 이야기를 펼친다. 표면적으로는 완전히 상반된 세력처럼 보이지만, 이들 사이에는 한 가지 공통 구조가 있다. 세상을 둘로 가른다는 점이다.

하나는 순수하고 착한 '우리'이고 다른 하나는 타락하고 위선적인 '그들'이다. 포퓰리즘 좌파에게 '그들'은 재벌과 금융자본, 기득권 언론과 부패한 정치인이고 포퓰리즘 우파에게 '그들'은 난민과 이민자, PC 엘리트와 도시의 진보층, 브뤼셀과 워싱턴의 관료들이다. 이름은 다르지만 역할은 같다. '우리'의 불행을 만들어 낸 공모자들.

이 구조에서는 복잡한 현실이 단순한 선악 구도로 변환된다. 그 결과, 정치적 경쟁은 더 이상 "어떤 제도가 더 나은가"를 두고 벌이는 논쟁이 아니라, "누가 우리 편이고 누가 적인가"를 가르는 인정투쟁이 되어 버린다. 이념의 대립에서 정체성과 감정의 대립으로, 전장의 위치가 바뀐 것이다.

에코체임버와 알고리즘, 새로운 부족의 토템

20세기의 극단이 거리와 광장을 무대로 했다면 21세기의 극단은 스마트폰 화면 안에서 자란다. 과거에는 TV 뉴스와 몇 개의 신문이 공적 현실을 정의했다. 사람들은 서로 다른 정치 성향을 갖고 있었지만, 적어도 "무슨 일이 벌어지고 있는가"를 논의할 때 참고하는 기본 정보는 비슷했다. 저녁 9시 뉴스가 좋든 싫든, 사회가 공유하는 '공통의 시간표'이자 '공통의 화면'이었다.

오늘의 정보 환경은 완전히 다르다. 우리는 각자 자신의 타임라인 속에서 뉴스를 보고 밈과 짤을 소비하고 동영상과 짧은 글을 퍼 나른다. 알고리즘은 우리가 좋아할 만한 콘텐츠를 끊임없이 추천한다. 정치적 성향이 비슷한 사람들끼리 모인 온라인 공간 비율이 점점 높아지고 서로의 생각은 강화되지만 다른 생각은 볼 기회조차 줄어든다.

이 현상을 흔히 에코체임버라고 부른다. 울림통 안에서는 내 목소리가 더 크게 들린다. 같은 이야기가 되돌아오면서 그것이 "세상의 다수 의견"인 것처럼 느껴진다. 실제로는 상대 진영의 에코체임버에서도 정반대의 이야기가 똑같은 확신을 갖고 반복되고 있는데도, 우리는 그것을 거의 듣지 못한다.

이 알고리즘 환경은 현대의 부족전쟁에서 토템과 같은 역할을 한다. 부족마다 각자의 상징물이 있고 그 상징물은 지도자와 구호, 해시태그와 밈으로 이루어져 있다. 미국의 MAGA 모자, 유럽의 반EU 깃발, 한국의 촛불과 태극기, 성소수자 깃발과 반(反)PC 로고까지, 서로 다른 토템이 서로를 향해 날카롭게 부딪힌다.

이 가운데 가장 위험한 것은 "공동 현실의 붕괴"다. 서로 다른 의견을 가진 사람들끼리도, 무엇이 사실인지는 어느 정도 합의가 가능해야 토론이 성립한다. 그런데 이제는 사실 자체가 진영별로 달라진다. 같은 통계와 데이터를 놓고도 서로 다른 해석이 아니라 서로 다른 '팩트'를 주장한다. 코로나 방역, 기후 위기, 선거 부정, 난민 범죄, 젠더 갈등 같은 이슈에서 이것은 이미 일상적인 풍경이 되었다.

공동 현실이 무너진 자리에서 남는 것은 두 가지뿐이다. 진영별 신앙, 그리고 그 신앙으로 무장한 분노.

교조적 다원주의와 정체성 정치의 역설

세계 정치 양극화를 설명할 때 꼭 짚어야 할 또 하나의 요인이 있다. 바로 다원주의와 정체성 정치가 어떻게 역설적으로 새로운 전체주의 감각을 만들어 냈는가 하는 문제다.

다양성과 소수자 인권, 젠더 평등, 인종 차별 철폐는 분명 민주주의의 진전이었다. 그러나 어느 순간부터 이 가치들은 논쟁의 대상이 아니라 신념의 대상이 되었다. 대학과 언론, 문화계와 공공정책 영역에서는 특정 입장만이 "도덕적으로 옳은 것"으로 간주되기 시작했고 다른 의견은 "혐오", "차별", "시대착오"라는 낙인이 찍혔다.

이것을 필자는 "교조적 다원주의"라고 부른다. 다원주의는 원래 서로 다른 가치와 의견이 공존할 수 있다는 믿음이다. 그런데 이 믿음이 교조가 되면 "모든 가치는 존중받아야 한다"는 원칙이 오히려 일상 생활에서 느끼는 상식을 억압하는 도구로 변신한다.

예를 들어, 기존의 학교 규칙과 성역할, 가족 규범을 존중하던 부모 세대는 아이들의 교실에서 갑작스럽게 젠더·성 정체성 교육이 이루어지는 현실을 받아들이기 어렵다. 난민과 이민자를 환영하자는 구호는 이해하지만, 실제로 동네 치안과 임대료, 일자리에서 변화가 발생했을 때 그 불편을 말하기만 해도 "인종주의자"라는 낙인을 감수해야 한다.

사람들은 점점 "이 사회에서 무엇을 말해도 되는지, 무엇을 말하면 안 되는지"를 눈치 보며 계산하기 시작한다. 공적 공간에서의 자기 검열이 늘어날수록, 불만과 피로는 비공개 온라인 공간으로 숨어든다. 그리고 그곳에서 교조적 다원주의에 대한 반발은 훨씬 격렬한 언어로 쌓여 간다.

이 역설이 만드는 결과는 명확하다. '관용'과 '포용'을 내세운 정체성 정치가 오히려 새로운 분노와 배제의 언어를 만들어낸다. "우리는 더 이상 이 사회의 보호 대상이 아니다"라고 느끼는 집단이 생겨나고 이들이 스스로를 "새로운 약자"로 상상하는 순간, 또 하나의 부족이 정치 전장에 등장한다.

오늘날 유럽과 미국에서 보이는 신우파의 부상, 한국에서

2030 남성의 반PC 정서와 이대남 현상, 반중 정서의 정치화는 모두 이 역설의 산물이다. 교조적 다원주의가 만든 감정의 진공 속으로, 각종 포퓰리즘과 신우파가 몰려 들어왔다.

세계의 '부족전쟁' – 미국, 유럽, 그리고 우리가 보는 풍경

미국에서 부족전쟁은 이미 오래전부터 시작되었다. 공화당과 민주당의 지지 기반은 도시와 농촌, 해안과 내륙, 백인과 유색인, 종교 보수층과 세속 엘리트층으로 뚜렷이 나뉘어 있다. 미디어 역시 케이블 뉴스와 유튜브, 팟캐스트로 분화되어 진영별로 정보를 공급한다.

트럼프의 등장은 이 분열을 한 단계 더 끌어올렸다. 그는 "워싱턴의 늪을 말리겠다"는 구호 아래, 부패한 엘리트에 맞서는 언더독, 노동자와 농민, 중소상인을 대변하는 강력한 리더의 서사를 만들어 냈다. 동시에 이민·무역·동맹·기후·젠더 이슈를 둘러싼 정치를 "상식 대 PC"의 전쟁으로 재해석했다. 그 결과 미국 정치에서 타협과 중재의 공간은 거의 사라지고 연방대법원 인준과 예산안 통과, 대선 결과 인정 같은 절차적 문제조차 부족전쟁의 일부가 되어 버렸다.

유럽에서도 비슷한 장면이 펼쳐진다. 난민과 이민 문제, 테러와 치안, EU 관료주의, 기후 정책, 재정 긴축과 복지 축소가 뒤엉킨 채, 각국의 유권자들은 좌우 전통정당 대신 우파 포퓰리즘 정당을 선택하거나, 좌파 포퓰리즘에 표를 준다. 이탈리아, 스웨덴, 프랑스, 독일, 네덜란드, 스페인 등에서 급진 우파·극우 정당이 의석을 늘려 가고 일부는 정부에 참여한다.

그들의 국기와 구호, 선거 포스터를 자세히 들여다보면 공통점이 있다. 진영별 토템이 점점 더 전쟁의 상징에 가까워진다는 점이다. "우리 국민을 지키자", "우리 문화와 언어를 지키자", "우리 아이들을 지키자"라는 구호는 듣기에는 당연한 말처럼 들리지만, 그 이면에는 "그들을 막아야 한다"는 암묵적 메시지가 깔려 있다. 그들이란 난민일 수도 있고 브뤼셀의 관료일 수도 있고 좌파 인텔리일 수도 있다.

이 풍경은 한국에서도 낯설지 않다. 촛불과 태극기, 광화문과 서초동, 탄핵과 반탄핵, 부정선거와 공정선거, 페미니즘과 안티페미니즘, 친미와 반미, 친중과 반중. 우리가 지난 십여 년간 경험한 정치 갈등의 대부분은 이미 '부족전쟁'의 형태를 띠고 있었다. 그런 의미에서 유타의 강의실에서 발사된 총탄은 결코 남의 일이 아니다. 도덕적 우월감과 정당한 분노, 피해 의식과 두려움이 뒤섞인 정치의 언어가 더 이상 제도와 절차의 울타리 안에 머무르지 못하고 어느 순간 현실의 폭력을 불러내는 것. 그 가능성은 세계 어디에서나 존재한다.

타협의 실종, 제도의 피로, '강한 리더'에 대한 욕망

정치는 원래 불완전한 타협의 예술이다. 누군가 완전히 이기는 대신, 모두가 조금씩 손해를 보고 함께 살아갈 수 있는 규칙을 만드는 일이다. 그런데 부족전쟁의 정치에서는 이 타협이 배신으로 간주된다. 진영을 막론하고 "중간에 서는 것" 자체가 의심과 공격의 대상이 된다. 타협이 사라진 자리를 두 가지 감정이 채운다.

첫째는 제도 피로감이다.

법과 절차, 제도적 조정과 협상이 더 이상 문제를 해결해 주지 못한다는 실망감이다. 미국 의회가 셧다운 위기를 반복하고 유럽이 난민정책과 재정개혁에서 한 발짝도 나가지 못하는 모습을 보는 시민들은 "제도가 복잡해서 아무 것도 결정 못 하는 나라"에 사는 느낌을 받는다.

둘째는 강한 리더에 대한 욕망이다.

혼란한 시대일수록 사람들은 정교한 설계자보다 단호한 실행자를 원한다. "좋은 사람이 아니라 유능한 사람, 말만 하는 정치인이 아니라 추진력 있는 지도자"에 대한 요구가 커진다. 문제는 이런 욕망이 언제든 스트롱맨의 출현을 정당화하는 토양이 될 수 있다는 점이다. "민주주의가 너무 복잡해졌으니, 한 번 제대로 해 줄 사람에게 힘을 몰아주자"는 유혹이 고개를 든다. 여기서 민주주의는 딜레마에 빠진다.

무능한 민주주의와 유능한 반(反)민주주의의 사이에서 시민들이 흔들리기 시작하는 것이다.

포퓰리즘과 신우파는 바로 이 흔들림을 포착한다. 그래서 그들은 민주주의를 구하는 구세주처럼 보이기도 하고 민주주의를 잠식하는 위협처럼 보이기도 한다.

한국이 이 장에서 읽어야 할 것

이 장에서 살핀 세계 정치의 양극화와 새로운 부족전쟁의 풍경은, 한국에게도 두 가지 메시지를 던진다.

첫째, "우리만 유난한 것이 아니다"라는 냉정한 인식이다.

한국의 젠더·세대 갈등, 촛불과 태극기의 대치, 부정선거 논쟁과 계엄 프레임, 반중·반미 감정 싸움은 세계적인 부족전쟁의 한국판 변주일 뿐이다. 우리 내부의 갈등을 "민족성"이나 "특수성" 탓으로만 돌리기보다, 세계 구조의 일부로 이해할 때 비로소 냉정한 해석이 가능해진다.

둘째, "그래서 한국 보수와 한국 정치가 어떤 선택을 해야 하는가"라는 질문이다.

포퓰리즘과 신우파의 에너지를 어떻게 다루느냐에 따라, 우리는 민주주의를 다시 활력 있게 만들 수도 있고 더 깊은 분열과 피로 속으로 빠져들 수도 있다. 다가올 장들에서 우리는 유럽 우파와 북미, 스페인의 사례를 통해 이 질문을 더 구체적으로 파고들 것이다.

다음 장에서는 포퓰리즘과 신우파를 좀더 직접적으로 마주한다. 이것이 단지 분노의 정치인지, 아니면 기존 제도가 보지 못했던 현실을 드러낸 새로운 경고장인지.

"민주주의를 구하는가, 위협하는가"라는 물음은, 결국 우리가 이 에너지를 어떻게 사용할 것인가에 대한 물음이기도 하다.

Chapter 02 분노의 정치, 포퓰리즘 우파

비단 미국만의 일이 아니다. 지금 세계 곳곳에서 정치는 더는 '타협의 기술'이 아니라 '부족전쟁' 양상으로 변모하고 있다.

극좌·극우 종언과 포퓰리즘 좌·우 등장

20세기까지 극단의 정치는 비교적 명확했다. 극우는 파시즘, 나치즘처럼 군국주의와 국가주의를 내세웠다. 극좌는 공산혁명과 계급투쟁을 전면에 내걸었다. 양쪽 모두 국가와 이념을 중심축으로 삼고 '국가 vs 국가' 또는 '계급 vs 계급'의 전선을 긋는 방식으로 대립했다. 그러나 21세기에 들어 이 도식은 설득력을 잃었다. 전차를 앞세운 침략주의도, 볼셰비키혁명을 외치는 계급 봉기도 더는 없다. 대신 오늘날 정치적 극단은 좌우를 막론하고 '포퓰리즘'이라는 이름으로 재편되고 있다.

포퓰리즘 좌파는 더는 마르크스주의 교리를 설파하지 않는다. 대신 복지 확대, 기본소득, 기후정의 같은 '생활 의제'를 전면에 내세운다. 포퓰리즘 우파 역시 과거 보수주의가 법조인, 언론인, 관료 같은 엘리트의 권위에 기대던 모습과 달리, 오히려 대중주의적이다. 이들의 무기는 국가주의적 권위가 아니라 "세금을 줄여라", "규제를 풀어라", "우리 일자리를 지켜라"라는 생활 밀착형 언어다.

좌우가 다르다고 하지만 실은 닮았다. 생존과 정체성을 매개로 대중을 동원하는 '생계형 카르텔' 혹은 '팬덤 정치'적 특성을 공유하고 있기 때문이다. 정치는 더 이상 '정당 대 정당'의 대결이 아니라, '우리 집단(us) 대 그 집단(them)'의 파편화된 전투로 변모한 것이다.

교조적 다원주의가 불러온 역풍

흥미로운 것은 '교조적 다원주의'가 오히려 전통적 가치 복권의 필요성을 불러왔다는 점이다. '다양성'이라는 이름 아래 모든 가치가 평등하게 존중돼야 한다는 원칙이, 실제 삶에서는 새로운 검열과 규율로 작동하자 "이제 그만"을 외치며 과거의 단순하고 확고한 질서를 그리워하게 된 것이다.

스페인은 그 전형적 사례다. 좌파 정부가 여성부(현 평등부)를 앞세워 성평등정책과 성인지 교육을 밀어붙였다. 그러자 사회 곳곳에서 반발이 거셌다. 가톨릭 문화의 뿌리가 깊은 스페인 사회에서 과도한 젠더 행정은 오히려 가족과 전통 가치를 지키려는 보수적 심리를 자극했다. 한국에서 여성가족부 존폐 논란이 정치적 분열의 축으로 떠오른 것과 궤를 같이한다.

미국도 다르지 않다. 도널드 트럼프 대통령은 젠더·인종·이민 문제를 둘러싼 좌파의 교조적 담론을 정면으로 공격하며 '정상적인 상식'으로 돌아가자고 주장했다. 일론 머스크는 자녀의 젠더 이슈를 계기로 좌파 문화정책에 공개적으로 반기를 들었다. 대표적인 테크기업 CEO가 좌파적 '다양성 교리'에 공개적으로 반기를 들자, 대중 불만을 대변하는 아이콘으로 여겨졌다.

이 반발은 단순한 문화 전쟁이 아니다. 법조·언론·학계·NGO 같은 전통적 엘리트가 '진보적 가치'를 독점적으로 정의하면서 자신들은 그 규범 밖에 서 있는 듯한 태도를 보인 것이 사실상 또 다른 특권으로 읽혔다. 그 결과 교조적 다원주의가 낳은 아이러니는 바로 '전통적 가치의 귀환'이었다.

복지국가 북유럽에서 솟구친 '공정·질서·성장'

청년 세대는 점점 더 '복지 의존'보다 '기회의 공정'을 원한다. 스웨덴은 이를 가장 잘 보여주는 사례다. 복지국가의 상징이었던 스웨덴은 오랫동안 관대한 이민정책과 높은 세금, 넓은 복지를 자랑해 왔다. 그러나 최근 몇 년 사이, 사회 통합 실패와 치안 불안이 겹치면서 상황이 급변했다.

유럽 최고 수준으로 기록된 갱단 범죄와 치안 불안이 겹치면서 청년층은 오히려 질서 강화와 공정 경쟁을 요구하게 되었다. 상속세 폐지는 상징적 전환점이었다. 스웨덴은 2005년 상속세를 완전히 폐지해 기업 유치와 성장에 방점을 찍었다. 이케아, H&M과 같은 대표 기업들이 본사를 해외로 옮기던 상황에서 정부는 결국 '성장이 곧 복지'라는 냉정한 현실을 받아들인 것이다.

이러한 변화는 정당 지형에도 반영되었다. 스웨덴민주당(SD)은 원래 극우 이미지의 소수 정당이었다. 그러다 20~30대 남성층을 중심으로 지지 기반을 넓혀 나가며 반이민·반EU 구호에만 머무르지 않고 청년층의 주거·일자리·안전 문제를 전면에 내세우며 지금은 온건당과 함께 우파 연정의 중심축으로 자리 잡았다.

핀란드에서는 국민연합당(Kokoomus)이 고용·혁신·기회의 공정성을 앞세워 2023년 총선에서 젊은 층의 표심을 얻었다. 노르웨이에서도 우파 정당들이 공정 경쟁, 질서 성장이라는 키워드를 앞세워 전통 사회민주주의 복지 담론을 대체하고 있다. 청년세대가 원하는 것은 '더 많이 나눠주기'가 아니라, '실력에 따른 보상과 안전한 삶, 그리고 미래를 향한 기회의 사다리'인 것이다.

스트롱맨의 유혹 - 혼돈에서 질서를 향해

정체성 갈등, 포퓰리즘, 정치 불신이 누적되는 사이, 북·중·러의 중앙집권적 권위주의는 군사·외교 전선에서 오히려 안정과 질서를 과시해왔다. 혼돈에 빠진 민주주의와 대비되는 이 '질서의 역설'은 "국익과 국가 이익을 최우선으로 삼겠다"는 단순한 슬로건에 매력을 부여했다. 그 상징이 바로 트럼프가 내건 "MAGA(Make America Great Again·미국을 다시 위대하게)"였다.

세계 곳곳에서 벌어지는 혼돈과 무질서는 시민들로 하여금 '더 많은 토론과 타협'이 아니라, '더 강한 질서'를 향해 눈을 돌리게 만든다. 여기서 등장하는 것이 바로 '스트롱맨'에 대한 갈망이다. 여기서 민주주의의 위기는 역설적으로 강권적 리더십을 정당화하는 토양으로 변한다.

2025년 9월 현재 프랑스에서 벌어지는 '국가 마비 운동'은 민주주의 제도가 흔들릴 때 어떤 풍경이 펼쳐지는지를 잘 보여준다. 2018년 '노란 조끼 시위'가 불평등과 엘리트 불신의 분출이었다면 이번에는 민주주의제도 자체가 대표성과 효력을 잃었다는 분노의 폭발이었다. 연금 개혁, 에너지 요금, 생활비, 치안 문제까지 뒤엉킨 채, 시민들은 더 이상 의회와 대통령, 정당을 신뢰하지 않는다고 말하고 있다.

이런 혼돈은 결국 시민들의 마음을 '더 많은 토론'이 아니라 '더 강한 질서'로 향하게 한다. "민주주의는 분열만 낳는다"는 회의론 속에서 국익·질서·통합을 단호하게 내세우는 정치세력이 귀환할 공간이 열린 것이다.

민주주의제도에 대한 회의가 깊어질수록, 시민은 더 강력한 리더십과 신속한 결정을 요구하게 된다. 방종과 위선으로 무너진 기득권 정치에 대한 불신, 포퓰리즘이 만들고 있는 정치적 무질서 국제정세의 불확실성과 전쟁 위험, 이민 문제와 정체성 갈등, 치안 불안은 모두 같은 메시지를 던진다. '더 많은 합의'가 아니라, '더 강한 질서'를 원하는 것이다.

글로벌라이제이션은 국경을 허물고 신냉전의 이념 장벽을 약화시켰다. 하지만 그 빈자리를 메운 것은 오히려 각국 내부 정치의 극단화였다. 자유무역과 개방은 세계화를 촉진했으나, 동시에 각국의 중산층과 노동계층에게 불안과 불만을 남겼다. 그 결과 각국의 국내 정치 무대는 친미·친중 세력의 각축장이 됐고 극단적 진영 대립이 일상화되었다.

트럼프의 후광 속에서 나이절 패라지의 영국 개혁당, 아르헨티나의 하비에르 밀레이, 폴란드의 카롤 나브로츠키, 브라질의 자이르 보우소나루 같은 정치세력이 부상했다. 이들은 '국익 우선'과 강한 리더십을 전면에 내세우며 트럼피즘식 포퓰리즘을 재현했다. 트럼프는 관세 협상이나 방위비 문제 등을 지렛대로 삼아 여러 경로로 직접적으로 여러 나라의 국내 정치에 개입하고 있으며 유럽과 남미 등에서 벌어지는 정치적 혼란은 상당 부분 이러한 외부 개입과 무관하지 않다. 좌파가 집권했던 네팔은 청년 주도의 시위가 친중 공산 정권을 무너뜨리며 국내 분열상이 극단으로 나타나고 있다.

언더도그의 '민생 우선' 정치

과거 군국주의적 극우와 다른 성격의 신우파의 등장은 기술과 미디어 환경의 변화에 기반한다. AI와 디지털 플랫폼이 세상을 장악하면서 전통적 엘리트의 지식·정보 독점은 붕괴되었다. 판사·검사·교수·언론인의 말은 더 이상 절대적 진실로 받아들여지지 않는다. 오히려 자영업자, 중소기업인, 농민, 플랫폼

노동자 같은 '현실의 언어'를 쓰는 사람들의 증언이 더 설득력을 얻고 있다.

디지털 미디어는 신우파가 언더독의 언어를 사용하는 데 최적의 도구다.

트럼프는 "선거가 도둑맞았다"는 구호를 반(反)PC주의, 제조업 부활, 반세계화 구호와 결합해 정치적 지지기반을 공고히 했다. 2021년 미국 의회 난입 사태를 이끈 구호는 단순한 선동이 아니라, 기득권 제도에 대한 불신이 집단적으로 폭발한 결과였다. "선거가 공정하지 않다"는 인식은 곧바로 "우리는 시스템의 피해자"라는 서사로 전환되었다.

이 불신의 서사는 곧 '질서의 약속'과 결합하며 스트롱맨의 귀환을 정당화했다.

오늘날 신우파의 부상은 단순한 극단주의가 아니라 기득권의 위선과 방종을 넘어 '생활세계의 대변자'를 찾으려는 대중적 요구로 귀결되었다.

여기서 주목할 점은 그동안 '극우'라는 꼬리표를 달고 있던 유럽 정당들의 유연한 변화다. 프랑스 마린 르펜의 국민연합은 과거 침략주의·인종주의 이미지에서 벗어나기 위해 노선을 조정하고 최저임금 인상, 에너지 가격 인하, 연금 개혁 등 민생 이슈를 전면에 내세웠다. 프랑스 정치 엘리트가 외면했던 '생활비 위기'를 집요하게 물고 늘어지며 "엘리트가 아닌 국민 편"이라는 이미지를 부각했다. 결과적으로 '극우' 이미지를 벗고 '민생주의 우파'로 변모했다는 평가를 받는다.

이탈리아 조르자 멜로니 총리 역시 비슷하다. 그는 과거 네오파시스트 계보와 무솔리니 지지 발언으로 극우 우려를 샀지만, 집권 후에는 재정 건전성과 사회적 안정, 가족 정책에 집중하면서도 EU와의 관계를 관리하고 있다. 이민·난민 문제에서는 단호한 입장을 견지하면서도, 경제·외교 정책에서는 극단적 선택을 피하고 있다. 전통적 가치를 강조하면서도 국정을 안정적으로 운영함으로써 '여자 무솔리니'라는 프레임을 벗고 대안적 중도우파 지도자로 자리매김했다.

르펜과 멜로니의 사례는 같은 메시지를 전한다. 과거의 극우가 반(反)체제적 구호에 머물렀다면 오늘날 신우파는 생존과 정체성을 매개로 한 언더독 민중의 목소리를 대변하는 '민생 우파'로 변신했다는 것이다. 포퓰리즘과 신우파는 단순한 정치적 유행이 아니라, 글로벌라이제이션과 교조적 다원주의, 정체성 정치가 만들어낸 혼돈 속에서 각국 시민이 강한 리더십과 민생 중심의 정치 조합을 갈망하고 있음을 보여준다.

양극화 시대 민주주의 회복의 유일한 출구

오늘날 양극화의 정치 토양은 이념보다 민생과 질서에 대한 갈망에서 비롯된다.

세계화가 남긴 불평등과 정체성 갈등, 교조적 다원주의가 만들어낸 피로감 속에서 시민들은 점점 더 "내 삶을 지켜 줄 정치"를 원한다. 그러나 기존 정당과 엘리트 정치가 이 요구를 타협과 협의의 언어로 번역하지 못한다면 시민은 계속해서 "더 강한 리더십"을 주문할 것이다.

정치가 다시 신뢰를 얻는 길은 분명하다.

첫째, 민생 중심의 실력주의와 공정한 기회를 복원해야 한다. 규제 혁파, 일자리와 안전을 실질적으로 개선하는 정책을 통해 "정치가 내 삶에 도움이 된다"는 경험을 제공해야 한다.

둘째, 정체성 정치의 과잉을 넘어, 다원주의와 전통적 가치가 공존할 수 있는 규범을 재정립해야 한다. 다양한 소수자의 권리를 인정하되, 다수 시민의 상식과 생활 세계를 도덕적으로 매도하지 않는 균형 감각이 필요하다.

셋째, 강한 리더십과 법치주의, 권력분립을 조화시키는 제도적 장치를 마련해야 한다. 강한 리더십은 민생과 질서를 위해 필요하지만, 그것이 다시 전체주의로 회귀하지 않도록 제도와 시민사회가 함께 견제해야 한다.

결국 답은 한 문장으로 귀결된다. 강한 리더십과 민생의 결합, 그것이 양극화 시대 민주주의 회복의 유일한 출구다.

포퓰리즘과 신우파는 민주주의를 위협하는 독이 될 수도 있고 민주주의를 구하는 약이 될 수도 있다. 그 갈림길은 이 에너지를 누가, 어떤 방향으로, 어떤 제도 속에서 사용할 것인가에 달려 있다. 다음 장에서 살펴볼 유럽 우파의 부활 사례는 이 질문에 대한 보다 구체적인 실험이 될 것이다.

Chapter 03 유럽을 뒤흔든 우파의 귀환

유럽 우파의 부활은 단순한 반동이 아니다. 전통적 가치와 국가주의를 강조하면서도, 오늘날 시민들이 실제로 겪고 있는 경제·치안·이민·정체성 문제에 대해 실용적인 해결책을 제시하려는 시도다. 한때 서방 주류 미디어는 "정치적으로 나이브하지 않은 사람들, 현실적·실용적인 문제 해결을 원하는 사람들"을 쉽게 극우로 매도했다. 하지만 지금 유럽의 거리와 의회, 유럽의회 선거 결과를 보면 상황은 분명 달라져 있다. 극우로 불리던 정당들이 제1당이 되고 연립정부의 파트너로 들어가며 EU 전체의 의제를 움직이는 모습이 더 이상 예외가 아니다.

이 장에서는 스페인과 유럽 회의주의, 북유럽 스웨덴의 사례를 통해 유럽 우파의 부활을 살펴보고 그 변화가 한국 자유우파에 어떤 교훈을 주는지 정리해 보련다.

스페인이라는 거울

필자가 일하는 곳이 자리한 스페인의 정치 지형은 여러 면에서 한국의 판박이라고 여겨질 정도로 흡사한 점이 많다. 과거 군부 강권 체제에서 민주화로 넘어온 근현대 정치사가 그렇고 급속한 산업화와 경제 성장 과정에서 부정부패가 만연했던 정치, 그리고 산업화·개발독재 시대의 카리스마적 지도자가 남긴 강력한 리더십 이미지 역시 한국의 박정희 대통령이 연상된다. 강력한 군부 리더십이 종식되고 민주화가 시작된 이후의 정치 흐름도 놀랍도록 유사하다.

우선, 지역감정과 지역 토호(土豪) 정치가 좌우 이념과 결합되어 있는 점이 그렇다. 한국의 호남 정치가 이념적 좌파와 결합되어 왔던 것처럼, 스페인에서도 카탈루냐와 바스크 같은 지역이 독립·자치·좌파 정당들과 뒤섞여 복잡한 정치 지형을 형성해왔다. 정체성 정치(identity politics)가 젠더·계급 갈등을 부추기고 현금성 복지가 남발되어 재정 위기가 고조되고 있는 상황도 비슷하다.

한국에서 박근혜 정권이 탄핵되고 문재인 정권이 출범한 약 1년 후, 스페인에선 역사상 처음으로 의회 불신임에 의해 보수 정당의 내각과 총리가 실각했다. 우파 정치는 페미니즘과 LGTBQ+, 친환경주의 등으로 대변되는 뉴노멀에 완패하고 대중성을 상실한 듯 보였다. 한국, 스페인, 그리고 유럽과 전 세계에서 말이다.

그랬던 스페인에 우파 정치 바람이 다시 불고 있다. 2023년 총선에서 보수당인 인민당(PP)은 복지와 난민 문제에서 강경한 입장을 취해온 복스(VOX)와 우파 연합을 형성해 집권당인 사회노동당(PSOE)과 좌파 연합을 이기고 제1당 자리를 차지했다. 인민당 라호이 내각의 주요 인사들이 부패 스캔들에 휩싸여 불명예 퇴진한 지 불과 5년 만에 벌어진 일이다.

현재 스페인의 우파 바람을 제대로 이해하기 위해서는 2008년 금융 위기 이후 젊은층을 중심으로 들불처럼 번진 극좌 포퓰리즘의 탄생과 성장, 실패를 자세히 들여다봐야 한다.

2008년 금융 위기 이후 스페인은 높은 실업률과 경제 침체에 시달렸으며 기존의 주요 정당들이 부패와 비효율로 신뢰를 잃었다. 전통적인 양대 정당인 사회노동당과 인민당에 실망한 유권자들은 자연스럽게 좌파 포퓰리즘 정당 포데모스로 눈을 돌렸다. 극좌 정당 돌풍의 중심에는 '폴리페서'라 불리던 스타 교수들이 있었다. 이들은 TV 토론 프로그램과 SNS를 통해 강렬한 메시지를 퍼뜨렸고 스페인 정치에서 전례 없는 돌풍을 일으켰다. 1980년대 이후 전통적으로 보수당의 텃밭이던 마드리드가 좌파에게 '뚫린' 사건도 이 시기에 벌어졌다.

그러나 포데모스의 급부상은 오래 가지 못했다. 시간이 지나면서 당 내부의 부패와 권력 다툼이 드러났다. 지도부가 자신들에게는 관대하고 상대에게만 엄격한 전형적인 '내로남불' 행태를 보이면서 좌파적 도덕주의에 환멸을 느끼는 유권자가 늘어났다. 자신이 마드리드 근교 고급 부동산을 구입했다는 사실이 알려져 비판을 받았던 포데모스 지도부의 행태는, 한국 좌파 정치인들의 이중성을 연상시키기에 충분했다.

포데모스의 위세는 한풀 꺾였지만, 2019년 총선에서 극심한 혼란 끝에 사회노동당과 포데모스의 좌파 연립정부가 출범했다. 이들은 노동시장 개혁, 사회적 약자 보호 강화, 여성 권리 증진, 기후변화 대응 정책 등을 성과로 내세웠지만, 실정도 그에 못지않게 많았다.

스페인 경제가 코로나19 팬데믹으로 큰 타격을 입으면서 방만한 재정 운영과 급증하는 국가부채에 대한 우려가 커졌다. 무리한 PC(Political Correctness · 정치적 올바름) 정책도 국민의 반감을 샀다. 단적인 예가 트랜스젠더법이다. 이 법은 정신감정이나 신체검사 없이도 본인이 원한다면 신분증과 여권의 성별을 쉽게 변경할 수 있도록 했다. 동시에 정부는 군으로 복무하는 여성들에게 더 많은 월급과 혜택을 제공하기 시작했다. 그러자 더 많은 혜택을 받기 위해 일부 남성 군인과 경찰들까지 성별을 여성으로 변경하는 일들이 벌어졌다.

그 결과 좌파 연립정부는 2023년 총선에서 인민당과 복스가 연대한 우파 연합에 제1당 지위를 내주고 말았다. 비록 사회노동당 산체스 정권이 다른 정당들과 연정을 통해 가까스로 과반을 유지하며 재집권에는 성공했지만, 정국의 극심한 분열과 대립은 고착화되었다. 정권 유지를 위해 산체스 정권은 극단주의적 카탈루냐와 바스크 독립주의 정당들과 손을 잡았는데, 이는 카탈루냐 독립운동에 반대한다는 당의 원칙을 깬 것이다. 스페인의 전통주의자들과 대중은 법치와 헌법 가치를 훼손했다며 거센 반발을 쏟아냈다.

좌파 정치의 부상과 포퓰리즘의 득세, 우파의 반격과 좌파의 불복, 시스템과 법치의 위기 …. 좌우의 극단적인 정치 양극화와 불복의 문화가 고착화되는 상황도 한국과 스페인은 판박이다. 모든 면에서 스페인 정치는 한국 정치의 거울이자 반면교사로 작동하고 있다.

유럽 회의주의라는 이름의 새로운 우파

스페인을 비롯한 유럽에서 우파가 부활한 과정을 좀더 살펴보기 전에 먼저 용어를 정리하고 넘어갈 필요가 있다.

유럽 정당들은 극좌에서 극우까지, 그리고 여러 지역 정당이 난립해 매우 다양한 정치적 스펙트럼을 보여준다. 그렇다면 어떤 기준으로 우파와 극우를 구분할 수 있을까. 서방 미디어에서는 EU 체제에 대한 찬반 여부로 급진 세력과 온건 세력을 구분하는 경향이 있다. 그리고 EU 체제에 비판적인 민족주의 우파 정당들을 '유럽 회의주의자들(Eurosceptics)'로 묶어 '극우'라는 레이블을 씌우곤 한다. 이들은 EU 통합과 유럽연합을 거부하는 퇴행적 정치 행태를 보이고 소수자에 대한 혐오를 공공연히 표한다는 이유에서다.

그러나 친환경·친난민·친여성과 같은 PC적 가치에 입각한 정치 엘리트 관료주의로 변질된 EU 체제에 대한 반감은 더 이상 소수 정치 집단의 급진적 어젠다가 아니다. 여러 통계에서 나타난 것처럼, 유럽 회의주의는 이미 대중이 요구하는 현실적인 정치적 문제로 자리 잡았다.

2010년대 글로벌 금융 위기, 유로존 부채 위기, 이민 및 난민 위기 속에서 EU에 대한 반대는 최고조에 달했다. 유로화를 도입한 국가들은 독자적인 통화정책을 펼칠 수 없게 되었고 독일과 프랑스를 중심으로 한 재정 규율이 남유럽 국가들의 경제를 옥죄고 있다는 불만이 커졌다. 이민 및 난민 문제에서는 EU의 공통 정책이 각국의 사회·문화적 특수성을 무시한다는 비판이 이어졌다.

이런 배경 속에서 각국 의회에서 유럽 회의주의 정당들의 지지율은 2020년대 초반까지도 계속해서 기록적인 수준으로 상승하고 있다. 우파 유럽 회의주의 정당들은 국내 선거는 물론 유럽의회 선거에서도 의석수를 늘려가며 지속적으로 정치적 영향력을 확대하고 있다.

독일의 '독일을 위한 대안(AfD)', 프랑스의 '국민연합(National Rally)', 폴란드의 '법과 정의당(PiS)', 헝가리의 '피데스(Fidesz)', 이탈리아의 '이탈리아형제들(Brothers of Italy)'과 '동맹당(Lega)', 스웨덴의 '스웨덴민주당(Sweden Democrats)', 네덜란드의 자유당(PVV), 스페인의 복스 등이 대표적이다. 이 정당들은 각자의 역사와 맥락은 다르지만, 대체로 EU가 자국의 자치권을 침해한다고 우려하며 유럽 내 더 자유로운 이민 및 사회 정책에 반대하는 공통점을 가지고 있다.

'복지천국'에서 '범죄천국'이 된 스웨덴

필자가 유럽 주요 국가 정당들의 어젠다와 정치적 스탠스를 분석한 결과, 정당의 좌우 스펙트럼을 좌우하는 결정적인 사안 가운데 하나는 난민·이민 정책과 치안 문제였다. 이 질문에 답하려면 살기 좋은 복지국가에서 갱단의 천국으로 급전직하한 스웨덴으로 눈을 돌려야 한다.

스웨덴은 지난 수십 년간 '인도주의 슈퍼파워'로 불리며 관대한 난민 정책을 펼쳐왔다. 그 결과 인구 1050만 명 중 약 200만 명이 외국 출신일 정도로 이민자·난민 비율이 높아졌다. 처음에는 인력 부족을 해소하고 문화적 다양성을 확장하는 긍정적인 이미지가 강조됐지만, 시간이 지나면서 사회 통합 실패와 이민 2·3세대의 소외, 일부 지역에서의 갱단 범죄와 총격 사건이 급증했다. 스웨덴 언론과 국제 미디어는 한때 스웨덴을 '복지천국'이 아니라 '범죄천국'이라고 부를 정도였다.

2022년 스웨덴 총선에서 우파 연정이 집권한 배경에는 바로 이러한 현실이 작동했다. '도덕주의'로 유명한 스웨덴 사람들은 과연 이 현실을 어떻게 받아들이고 있을까.

"현재 서방 미디어에서는 정치적으로 나이브하지 않은 사람들, 현실적이고 실용적인 문제 해결을 원하는 사람들을 극우로 매도하고 있지요."

2024년 여름, 학회 참석차 방문한 스웨덴에서 만난 건설업자 비욘 씨는 복지국가로 세계 각국의 선망 대상이었던 스웨덴이 이렇게까지 된 현실을 안타까워하며 이렇게 말했다.

그는 스웨덴으로 넘어오는 이들 상당수가 진정으로 박해받는 소수자가 아니라 "경제적 이민자"이며 난민 브로커 산업에 이용당하는 피해자라고 지적했다.

"유럽이 난민을 받아준다는 '희망 고문' 때문에 오히려 많은 아프리카인이 목숨을 걸고 위험을 감수하며 난민 브로커 산업의 희생양이 되고 있어요. 자발적인 현대판 노예 시장이 열린 셈이지요. 그러나 서방 미디어는 난민에게 온정을 베풀자는 메르켈식 상아탑 휴머니즘에만 집중할 뿐, 실제 사하라에서 벌어지는 참혹한 현실에는 관심이 없어요."

2010년에 유럽을 휩쓴 난민 열풍과 이에 따른 사회 혼란, 높아지는 범죄율, 치안에 대한 불안감은 우파 포퓰리즘 정당들의 부상을 견인했다. 스웨덴민주당은 이민·난민 정책의 부작용과 치안 문제를 집요하게 제기하며 원래 보수 정당의 텃밭이 아니었던 청년층과 서민층을 새로운 지지층으로 끌어들였다. 인종주의와 네오나치 논란을 정리하고 반난민·반이슬람·반EU와 같은 강경 보수 어젠다를 '복지·치안·공정'이라는 생활의 언어로 번역해 낸 것이다. 이민자 유입으로 인해 자신들의 복지 혜택이 위협받을 것을 걱정하는 은퇴자와 서민층까지 새로운 지지층으로 유입되었다.

스웨덴 총선의 특징 중 하나는 젊은 세대일수록 성별에 따른 정당 지지율 격차가 더 크다는 점이다. 19~29세를 대상으로 선거 직전 진행된 여론조사에서 여성들 사이에서는 좌파 사회민주당이 큰 격차로 1위를 차지했다. 반면 같은 연령대 남성들 사이에서는 우파 포퓰리즘 정당인 스웨덴민주당이 압도적인 지지를 받았다. 이른바 '이대남은 극우 민주당, 이대녀는 좌파 사민당 지지'라는 구도가 뚜렷하게 나타난 것이다. 젠더와 세대 갈등이 첨예하게 나타나는 스웨덴의 사례는, 핵심 지지층을 레버리지 삼아 대중적 우파 어젠다를 선도하는 전략이 어떻게 작동하는지를 잘 보여준다.

농민 시위와 새로운 전선, 멜로니와 르펜

최근 유럽에서는 농민들의 고속도로 점거 트랙터 시위가 들불처럼 번지고 있다.

흥미로운 것은 좌파 정당이 아닌 보수 정당들이 이들의 편을 들고 있다는 점이다. 그동안 농민과 노동자의 이해를 대변해 온 세력은 전통적으로 좌파라고 여겨졌지만, 이제는 상황이 달라졌다.

EU의 그린 딜에 따른 환경 규제, 우크라이나산 곡물 수입, 무역 협정 등은 농민들의 생존을 직접적으로 위협하고 있다. 농업 관련 정책과 무역 협정에 대한 불만이 전국적 시위로 번지자, 유럽의 우파 포퓰리즘 정당들은 이에 발 빠르게 반응했다. 강한 지지 의사를 표명하며 농민과 EU 관료주의 사이에 선명한 정치적 전선을 긋고 자신들을 농민과 서민의 아군으로 자리매김한 것이다. 이는 보수와 진보, 좌와 우의 가치와 지향이 변하고 있음을 상징적으로 보여준다.

이탈리아형제당(FdI)은 조르자 멜로니 총리의 리더십을 바탕으로 성공적으로 주류 정치 세력으로 안착한 모습이다. 이 당은 파시스트 과거와의 역사적 연관성을 부인하면서 민주적이고 합법적인 정치 절차를 존중하는 현대적인 우파 정당으로 자리매김하고자 한다. 민족주의와 국가 주권을 강조하며 전통적 가치와 이탈리아 문화의 보전을 핵심 목표로 삼되, 동시에 경제정책에서는 자영업자와 중소기업의 역할을 강조하며 세금 감면 규제 완화, 행정 간소화를 통해 성장을 도모한다.

프랑스의 마린 르펜은 국민전선을 국민연합으로 바꾸고 나치 무장친위대(SS) 출신인 아버지 장마리 르펜과의 관계를 정리함으로써 이미지 쇄신을 꾀했다. 2022년 대선을 앞두고 당대표직을 물러나며 1995년생 조르당 바르델라를 당대표 대행으로 내세웠다. 바르델라는 국민연합 내에서 젊고 활기찬 이미지를 대표하는 인물로, 청년층을 겨냥한 정책과 메시지를 통해 당의 지지 기반을 넓히는 데 중요한 역할을 했다. 그의 등장은 국민연합이 세대교체를 통한 이미지 쇄신과 정치적 다변화를 추구하고 있음을 보여준다.

이처럼 유럽의 우파 정당들은 반이민 정책, 전통적 가치 수호, 국가 주권 강화 등의 메시지를 통해 대중의 불안을 정면으로 다루면서 한편으로는 국가주의를 강조하면서도 현대적 문제들에 대한 실용적인 해결책을 제시함으로써 대중적 우파 담론을 선도하고 있다.

우리가 유럽 정당 사례에서 기억해야 할 점이 하나 더 있다.

주요 유럽 국가에서 청년층이 우파 정치로 대거 유입되고 있다는 사실이다. 즉 우파 정치에서 세대 연합이 일어나고 있으며 이는 PC와 정체성 정치에 대항하는 젊은 남성·청년을 주축으로 하고 있다. 두 번째로, 이러한 세대 연합뿐 아니라 보수 우파 진영 내 역할 분담, 즉 대안 우파 정당이 스핀오프(spin-off) 형태로 등장해 기존 중도 우파 정당과 경쟁하면서 지지세를 크게 확장했고 오히려 스핀오프 정당이 본진 정당을 뛰어넘는 정치적 영토를 확보하는 장면도 자주 목격된다. 더 선명한 우파 경쟁을 통해 중도 우파 정당들도 난민 문제와 PC주의 문제에서 좀더 분명한 우파 노선을 지향하게 만들면서 전체적인 우파 정치의 기조를 우측으로 이동시키는 효과를 만들어내고 있는 것이다.

한국 자유우파가 배워야 할 것들

유럽 우파의 부활은 지리멸렬한 한국 우파 정치권에 많은 것을 시사한다. 특히 집권 경험이 있는 보수 정당이 어떻게 다시 대중적 지지를 회복할 수 있을지에 대해, 유럽 사례는 중요한 실험실 역할을 한다.

첫째, 확실한 지지층과 지지 기반을 결집시키는 메시지 전략이 필요하다.

농민, 청년, 자영업자, 중소기업, 그리고 복지 혜택에 민감한 은퇴자들까지, 현대 정치는 대중의 피부에 와닿는 '이득'과 '실용'을 강조하며 상호 정치적 이득의 공간을 넓혀 나가야 한다. 유럽 우파 포퓰리즘 정당들이 보여 주듯, 추상적인 이념보다 "당장 내 삶에서 무엇이 달라질 것인가"를 설명하는 실용주의가 핵심이다.

둘째, 대한민국의 역사와 정체성에 대한 가치 복원과 전통적 공동체의 회복이 필요하다.

유럽의 민족주의 정당들이 청년들에게 지지를 얻는 이유는, PC와 정체성 정치에 맞서 싸우는 동시에 국가와 민족을 지탱해 온 전통적 규범과 가치를 긍정하고 자부심을 일깨우려는 노력 때문이다. 한국 보수 역시 건국·산업화·민주화·선진화에 이르는 역사를 균형 있게 평가하고 잘못된 부분에 대해서는 단호하게 끊어내는 동시에 대한민국의 성취와 역사를 자랑스럽게 지켜내는 국민적 합의를 주도해야 한다.

셋째, 역사와 이념에 대한 당당하고 단호한 태도가 필요하다. 현재 한국 우파 정치권은 좌파의 상습적인 친일 공세와 군사 정권 시절의 인권 탄압 논란에 지리멸렬하고 무기력한 모습을 보여 왔다. 유럽의 우파 정당들은 과거 권위주의와 극단주의에 대한 비판을 수용하되, 국가와 체제의 정당성을 스스로 부정하지는 않는다. 한국 보수도 더 이상 자기 혐오에 빠져 과거 전체를 부정할 것이 아니라, 잘못된 부분에 대해서는 분명히 선을 긋고 지켜야 할 가치와 성취에 대해서는 자신 있게 말해야 한다.

결국, 한국 우파 정치의 성공 열쇠는 국가 시스템과 전통적 가치, 그리고 사회 질서의 복원과 계승에 달려 있다.

유럽 우파가 전통적 가치와 국가주의를 내세우면서도 현실적인 민생 문제에 대한 실용적 해결책을 제시해 젊은 층과 대중의 지지를 얻은 것처럼, 한국 보수도 이 성공의 비결을 자신의 맥락에 맞게 적용한다면 새로운 길이 열릴 것이다.

유럽 우파의 부활은 우리에게 묻는다.

"한국 보수는 과거를 부끄러워하는 세력으로 남을 것인가, 아니면 역사와 이념에 대한 당당한 태도 위에 실용적 민생 우파의 길을 열 것인가."

그 답을 찾는 과정이, 이 책 다음 장들에서 진행될 한국 보수 재편 논의의 출발점이 될 것이다.

Chapter 04 침몰한 보수, 재건의 조건

윤석열 대통령의 불발 계엄령 이전에도 이미 한국의 보수 우파(保守右派)는 중요한 전환점에 서 있었다.

엘리트 관료주의와 기득권 중심 정치, 수도권 편중과 지역 기반 붕괴, 젊은 세대와의 유대 약화, 경제적 불평등과 젠더·세대 갈등에 대한 설득력 있는 비전 부재(不在)는 국민적 신뢰 상실로 직결되었다.

리더십의 부재와 끊임없는 노선 투쟁은 내부 갈등과 분열을 장기화시키며 사실상 공멸적이고 자해적인 정치적 내전(內戰)을 초래했다. 선거에서 패배할 때마다 책임 공방과 계파 싸움이 반복되었고 승리했을 때조차 정치적 방향성은 모호했다. 그 결과 한국 보수 정치는 역사적으로 축적해온 자산을 제대로 활용하지 못한 채, 스스로를 소모하는 악순환에 빠졌다.

이제 한국 보수 우파는 과거 방식에 머물러서는 정치적 생존을 보장받을 수 없는 시점에 도달했다.

"어떻게든 버티면 언젠가는 다시 우리 차례가 오겠지"라는 안이한 기대와, 선거 때마다 구호만 바꾸는 미봉책으로는 더 이상 버틸 수 없다. 한국 보수 우파는 어떻게 혁신할 것인가. 이 질문에 답하기 위해서는 먼저, 이미 변화와 혁신을 통해 새로운 정치적 가능성을 만들어낸 서방의 사례를 살펴볼 필요가 있다.

실용주의·대중주의 어젠다 제시

미국과 유럽의 대중적 우파는 변화와 혁신을 통해 새로운 정치적 가능성을 만들어냈다.

미국의 트럼프 현상과 유럽의 이탈리아형제들, 스웨덴민주당, 스페인의 복스 등은 그 대표적 사례다. 이들은 대중의 요구를 포착하고 실용적 정책을 제시하며 전통적 가치를 현대적 맥락에 맞게 재해석했다.

한국의 보수 우파도 이제는 새로운 길을 찾아야 한다. 국민적 신뢰를 회복하고 대중적 지지를 얻기 위해, 젊은 세대와 중산층, 서민과 지역 주민들이 공감할 수 있는 정치적 비전을 제시해야 한다. 과거의 회고적 이미지를 벗어나, 정치적 생존이 아닌 미래를 설계하는 보수 정치로 거듭나야 할 때다.

가장 성공적인 보수 정당으로 꼽히는 이탈리아 집권당 '이탈리아형제들'은 극우(極右) 정당이라는 주류 언론의 레이블과 달리, 성공적인 대중적 우파의 모습을 보이고 있다. 중요한 것은 결국 민생(民生)과 직결된 우파적 정책이다. 이탈리아형제들은 "이탈리아인의 이탈리아를 되찾자"라는 구호를 내세우며 전통적 가족 가치를 부각시키는 동시에 현대적 복지 시스템의 지속 가능성을 고민했다. 자영업자와 중소기업을 보호하기 위한 세금 감면과 규제 완화, 에너지 자립을 위한 재생에너지 투자와 같은 실용적 경제 대책을 제시하며 지역경제 활성화에 주력했다.

스웨덴민주당은 이민자 복지 축소와 자국민을 위한 노동시장 우선권 정책을 통해 실질적인 문제 해결에 초점을 맞췄고 이를 기반으로 기존 정치에 대한 불만이 팽배한 젊은 층을 효과적으로 흡수했다. 범죄와 치안, 주거와 일자리라는 구체적 이슈를 통해 이민·난민 문제를 논의하면서 "인종주의 정당"이라는 비난을 뚫고 "Safety First" 정당으로 이미지를 바꾸어 나갔다.

스페인 우파당 복스는 "스페인은 하나다"라는 슬로건 아래 카탈루냐 독립운동 등 지역분리주의를 강하게 반대하며 국가 통합과 민족 정체성(正體性)을 재조명해 국민적 지지를 얻었다. 이들은 스페인의 역사와 전통을 강조하면서도, 범죄·안보·경제 문제에 대한 구체적인 정책을 제시함으로써 보수의 이미지를 '과거 회상'이 아닌 '현재 문제 해결' 중심으로 바꾸고 있다.

이러한 사례들이 보여주는 것은 분명하다. 오늘날 우파 정치가 살아남으려면 고전적 보수 담론에 머물러서는 안 된다는 사실이다. 추상적인 이념 논쟁이 아니라, 국민의 삶과 직결된 경제·안보·복지 중심의 실질적 정책으로 우파의 비전을 구체화해야 한다. 실용주의와 대중주의 어젠다를 제시하는 것, 바로 여기에 보수 혁신의 실마리가 있다.

현대적 가치와 전통적 가치의 연결

한국 보수 우파도 이러한 사례에서 교훈을 얻어야 한다. 신냉전(新冷戰) 시대에 접어들며 안보 이슈가 더욱 중요해졌지만, 과거식의 북풍(北風) 몰이나 소모적인 이념 논쟁은 더 이상 유효하지 않다. 남북 대결과 이념 대립의 언어로만 안보를 이야기하는 방식은, 이미 2030세대의 감수성에서 멀어진 지 오래다. 이제 안보를 오늘의 언어로 다시 써야 한다.

안보 문제를 과거식 국시(國是) 논쟁이 아닌, 실용적이고 대중적인 의제로 재구성해야 한다. 예컨대 국방력 강화를 통한 경제적 파급효과, 첨단 방위산업 육성과 기술 안보 강화, 지역 균형 발전과 연계된 군 인프라 재편과 같은 현대적 접근을 통해 "안보가 곧 일자리와 성장"이라는 메시지를 국민에게 설득력 있게 전달해야 한다.

경제정책에도 변화가 필요하다. 저성장 시대를 맞아 내수(內需) 시장을 살리고 자영업자와 블루칼라 노동자를 보호하는 정책이 중요해졌다. 과거처럼 대기업·수출 중심 성장 전략만을 강조해서는 공감을 얻기 어렵다. 이제 보수는 소상공인과 자영업자, 플랫폼 노동자와 비정규직, 청년 창업자를 위한 정교한 정책 도구를 내놓아야 한다. 금융·자본시장에 대한 투자자 보호를 강화하며 전통적 경제 질서를 존중하되 디지털 시대에 적합한 정책을 도입해야 한다.

보수는 전통적 가치와 현대적 가치를 조화롭게 연결해야 한다. 전통적 안보와 경제적 안정의 가치를 지키면서도, 블루칼라 청년과 2030세대가 체감할 수 있는 실용적인 변화를 제시해야 한다. 이는 국민이 보수를 과거의 유물이 아닌, 현재와 미래를 준비하는 정당으로 인식하도록 하는 데 핵심적인 역할을 할 것이다.

'페미니즘'에서 '패밀리즘'으로

최근 트럼프의 미 대선 승리에서 가장 두드러진 이슈는 젠더(gender)였다. 다양성과 성(性)소수자에 대한 관용을 강조하는 워크(Woke) 문화와, 가족·종교·지역 공동체를 중시하는 전통적 가치가 정면으로 충돌했다. 트럼프 캠프가 선거에서 집중한 것은 이 충돌이 만들어내는 감정의 파고였다.

오늘날 글로벌 워크 문화는 전통적 가치와 새로운 사회적 요구 간 갈등을 야기하며 극단적인 정치적 올바름(Political Correctness·PC)을 강요하는 경향을 보인다. 그 과정에서 인간의 보편적 가치인 가족과 공동체가 훼손되고 있는 만큼, 이는 보수 우파의 새로운 정책 기조로 삼을 수 있는 영역이다.

"페미니즘"에서 "패밀리즘"으로 정책적 전환을 이루고 전통적 가족 가치를 수호하면서도 현대사회의 다양한 가족 형태를 포용하는 전략이 필요하다. 보수는 가족과 공동체를 중심에 두되, 이혼·재혼·한부모·비혼 동거 등 현실적으로 존재하는 다양한 가족 구성을 도덕적 비난의 대상이 아니라, 사회적 안전망과 정책 지원의 대상으로 바라보아야 한다. 그래야만 젊은 유권자들에게 전통적 가치가 단순히 과거의 유물이 아니라 현실 문제를 해결하는 실질적 해법임을 설득할 수 있다.

젠더 갈등 해소를 위한 대안(代案)도 마련해야 한다. 젊은 남성층이 역(逆)차별로 인식하는 각종 할당제 재검토와 군복무자에 대한 사회적 혜택 강화 등, 공정성을 회복할 수 있는 정책이 필요하다. 단순히 "여성 할당제를 폐지하자"는 구호에서 멈추지 말고 누구에게 어떻게 기회를 배분할 것인지에 대한 새로운 원칙을 제시해야 한다.

전통적 가족과 공동체의 미덕을 되살려 젠더와 세대 간 간극을 줄이는 전략은 단순한 정치적 선택을 넘어, 사회적 통합과 국가적 지속 가능성을 위한 핵심 과제다. 이는 한국 보수가 워크 문화와의 전선에서 경쟁력을 갖추고 대중적 신뢰를 회복하는 첫걸음이 될 것이다.

혁신은 변방에서 시작된다

수도권 집중 현상은 보수 정치의 노령화(老齡化)와 세대 간 단절을 가속화하고 있다.

정치와 행정, 미디어와 문화의 중심이 서울과 수도권에 과도하게 몰리면서 지방과 지역은 더 이상 '정치의 주체'로 인식되지 않는다. 이를 극복하려면 중앙·수도권 중심의 정치 구조에서 벗어나, 지역 기반의 정치 네트워크를 강화하고 지방에서 청년 보수 인재를 발굴·육성하는 환경을 조성해야 한다. 이는 수도권 집중화를 해소함과 동시에 중앙 정치와 주류 언론 의존에서 탈피하는 것을 의미한다.

  청년 정치인들은 좌우를 막론하고 중앙 정치권과 언론의 영향력, 낙하산식 트로피 공천 시스템에 갇혀 자생적으로 성장할 기회를 얻지 못해왔다. 한때 대한민국의 경제와 정치 중심지였던 영남은 수도권 집중화로 인해 경제적·정치적 쇠퇴를 겪고 있다. 지역경제는 활력을 잃었고 정치적으로는 과거의 명성에만 의존하며 새로운 동력을 창출하지 못하고 있다. 또한 수도권 집중이 심화되면서 좌파의 정치적 근거지로 인식되던 호남 역시 수도권 의존도가 높아졌고 '영남 대 호남'의 패권(覇權) 구도는 무너졌다. 보수의 기반인 영남 정치권은 수도권에 대한 극심한 피해 의식을 키워가고 있다. 하지만 이러한 수도권 대 지방 구도는 보수 우파가 새로운 기회를 만들어낼 수 있는 전환점이 될 수 있다.

  현재 보수 정치권은 수도권 위주의 정치 지형에 지나치게 의존하고 있으며 이는 장기적으로 보수의 정치적 기반과 정체성을 약화시키는 요인이다. **영남과 같은 전통 보수의 근거지 몰락을 외면하는 것은 결국 보수의 자멸을 앞당기는 결과를 낳고 있다. 이 판을 바꾸기 위해서는 "수도권 대 지역" 프레임으로 전환해야 한다.**

위기를 기회로 바꾸는 방안은 영남과 호남의 청년 보수 연대(連帶)라는 어젠다로 구체화할 수 있다.

이를 통해 수도권 중심의 정치 판도를 바꿀 동력을 마련하고 선명한 우파 가치 동맹을 기반으로 새로운 정치적 지형을 만들어야 한다. 지역 청년들이 지역 의회와 지방자치 활동에 적극 진출할 수 있도록 제도적 뒷받침을 강화하고 지역 대학과 연구소를 청년 정치·경제 인재의 인큐베이터로 만드는 전략이 필요하다.

청년들이 정치의 주체가 되어 지역을 변화시키는 모습을 기대해 볼 수 있지 않을까.

지역 대학과 연구소는 청년들에게 새로운 가능성을 열어줄 중요한 공간이다. 이들을 단순히 학문의 장으로 남겨두지 않고 지역 혁신의 거점으로 만들어야 한다. 이는 지역 엘리트만을 위한 것이 아니라 블루칼라 청년과 노년 세대까지 포함한 지역 사회 전반에 긍정적 변화를 가져올 수 있는 정책으로 확장되어야 한다.

혁신보수 실천 강령 - 구체적 비전과 행동 지침

난파한 보수를 다시 띄우기 위해서는 단순한 반성문이 아니라, 구체적 행동 지침이 필요하다. 필자는 이를 "혁신보수 실천 강령"이라는 이름으로 정리한 바 있다. 책의 맥락에 맞게 그 내용을 풀어 쓰면 다음과 같다.

첫째, 과거 실패를 극복하고 새로운 비전을 제시해야 한다. 엘리트주의를 혁파하고 기존 관료적 엘리트주의에서 탈피해야 한다. 국민과 직접 소통하며 대중적 공감을 얻는 우파 정치로 전환해야 한다. 기회주의와 보신주의를 청산하고 정치적 책임과 신념을 바탕으로 일관성 있는 리더십을 구축해야 한다. 대중주의 우파 어젠다를 설계해, 국민의 삶과 직결된 경제·안보·복지 중심의 실질적 정책으로 우파의 비전을 구체화해야 한다.

둘째, 지역정치의 청년 할당제를 도입해야 한다. 청년 리더십을 배양하기 위해 지역 의회와 지방자치 활동에 청년 정치인의 참여를 확대하는 청년 할당제를 적극 시행해야 한다. 지역 기반에서 정치적 경험을 쌓고 성장할 수 있는 체계적인 지원 시스템을 구축함으로써 중앙 정치에만 매달리지 않는 새로운 우파 인재 풀을 만들어야 한다.

셋째, 지역 대학에 집중 지원해야 한다. 지역 대학을 혁신의 중심으로 전환하고 지역 대학과 연구소를 청년 정치·경제 인재의 인큐베이터로 발전시켜야 한다. 연구와 혁신에 투자하여, 지역 대학에 대한 국가 주도의 연구 펀드와 슈퍼스타 연구자 지원 프로그램을 신설해야 한다. "지방대학"에서도 스타 학자가 탄생할 수 있다는 가능성을 증명하는 것이 중요하다. 이는 곧 지역 균형 발전과 보수 정치의 지역 기반 강화를 동시에 달성할 수 있는 길이 될 것이다.

오늘날 청년 세대는 명분보다는 실리(實利)를 중시한다. 보기 좋은 간판보다 실제로 투자 대비 성과를 낼 수 있는 환경을 원한다. 중앙의 유명 대학과 수도권 중심 구조가 모든 기회의 장을 독점하고 있는 현실에서 지역 대학과 지역 기반 인프라가 실리적 대안으로 자리 잡을 수 있다면 이는 보수적 정책의 성공 사례로 기록될 것이다.

결론 – 난파한 보수, 다시 배를 띄우려면

지금의 한국 보수는 분명 난파한 배와 같다. 겉으로는 여전히 "보수"라는 이름을 쓰고 있지만, 안을 들여다보면 엘리트주의와 보신주의, 자기 혐오와 모호한 타협이 선체를 갉아먹고 있다. 좌파의 실패와 과오에도 보수가 확실한 대안 세력으로 자리 잡지 못하는 이유가 여기에 있다.

그러나 난파한 배가 반드시 폐선이 되어야 하는 것은 아니다. 선체를 뜯어 고치고 항로를 재설계하고 선장과 승무원을 교체한다면 같은 배라도 다시 항해를 시작할 수 있다. 이 장에서 살펴본 것처럼 유럽과 미국의 대중적 우파는 이미 그 작업을 시작했고 일부는 상당한 성과를 거두고 있다.

한국 보수가 해야 할 일도 다르지 않다.

- **과거 실패를 냉정하게 인식하되 스스로의 역사와 성취를 부끄러워하지 말 것**
- **전통적 가치와 현대적 가치를 연결하는 실용적 정책을 제시할 것**
- **서울과 수도권 중심의 정치 구조를 넘어 지역과 청년을 향한 새로운 통로를 열 것**

결국 보수의 혁신은 국민적 신뢰를 되찾고 미래 비전을 제시하는 것에 달려 있다. 이 길이야말로 보수가 단순히 생존을 위한 정치 세력이 아니라, 대한민국의 다음 10년을 설계하는 정치 세력으로 거듭나는 유일한 길이다. 보수의 본질로 돌아가 국민과 함께 설어살 때, 난파한 보수의 배는 다시 한 번 바다로 나갈 수 있을 것이다.

PART 2

2030과 하이퍼 젠더, 새 정치의 등장

Chapter 05 성의 반란에서 욕망의 정치로

대한민국의 정치적 환경은 급격한 변화를 겪고 있다. 과거 박근혜 대통령 탄핵 당시에는 기성 언론의 주도적인 의제 설정이 여론 형성에 큰 영향을 미쳤다면 윤석열 대통령을 둘러싼 탄핵 논란에서는 상당히 다른 양상이 나타났다. 기성 언론이 지속적으로 부정적인 프레임을 형성했음에도 윤 대통령에 대한 탄핵 반대 여론이 40~50%를 유지한 것은 주목할 만한 현상이었다. 이는 기존 정치·미디어 구조의 변화와 더불어, 디지털 플랫폼과 오프라인 집회를 기반으로 한 새로운 정치적 세력이 형성되었기 때문이다. 특히 2030세대는 기존 6070 보수층과는 다른 방식으로 정치적 정체성을 구축하고 있으며 이들의 참여 양상은 대한민국 정치의 패러다임을 변화시키는 주요 요인으로 작용해왔다.

기성 정치와 미디어에 대한 불신

2030세대의 정치적 각성과 변화의 배경에서 가장 먼저 주목해야 할 것은 기성 정치와 미디어에 대한 깊은 불신이다.

특히 기성 언론과 사법부에 대한 불신이 커지면서 2030세대는 기존 언론보다 대안 미디어를 활용해 정보를 습득하는 경향을 보이고 있다. 전통적인 언론 기관들이 특정 정치적 이념을 대변하는 기관으로 인식되면서 신뢰도가 급격히 하락했다. 대표적인 사례로, MBC가 북한 열병식 보도는 긍정적으로 부각한 반면 윤석열 정권의 대한민국 국군의 날 행사 보도는 극우 프레임을 강조하며 차별적으로 다룬 방식이 2030 네티즌들 사이에서 문제로 지적되었고 이 내용이 디지털 콘텐츠로 확산되면서 언론의 편향성에 대한 비판이 거세졌다.

YTN, JTBC, 경향신문 등 주요 언론 매체들이 탄핵 집회 참가 인원을 축소 보도한 사례가 네티즌들에 의해 검증되면서 기성 언론이 특정 정치적 의제를 설정하는 방식에 대한 의혹이 증폭되었다. YTN의 경우 신귀혜 기자가 탄핵 반대 집회 현장을 탄핵 찬성 집회로 왜곡 보도한 것이 디지털 채널을 통해 퍼져나가기도 했다. 또한 사법부와 특정 정당 간의 유착 의혹이 제기되면서 법조계의 정치적 중립성에 대한 의심도 깊어지고 있다.

2030세대에게 기성 언론 보도는 더 이상 "진실"이 아니라, 뉴미디어 환경에서 해체되고 검증되어야 할 하나의 "떡밥"으로 소비된다. 과거에는 공중파 뉴스의 프레이밍이 곧 여론으로 직결되었다면 지금은 온라인 커뮤니티와 유튜브, SNS에서 2차·3차 검증을 거치며 "언론 보도 vs 집단지성"이라는 새로운 구도가 형성되고 있다.

'유잼'과 '도파민' 패러다임, 그리고 미디어 권력의 이동

뉴미디어를 적극적으로 활용하며 정치적 정체성을 확립한 2030세대는 기성 정치권 및 미디어 권력에 저항하는 독립적 정치 세력으로 자리 잡고 있다. 이들은 숏폼 콘텐츠, 디지털 네트워크를 통한 정보 검증, 사실을 기반으로 한 밈 정치를 활용한 대중적 정치 커뮤니케이션을 통해 정치적 영향력을 확대하고 있다. 반면 기성 미디어는 이러한 흐름을 반영하지 못하면서 점차 외면당하는 양상이 두드러지고 있다.

과거에는 기성 언론 보도가 절대적 진실로 받아들여졌으나, 오늘날 2030세대에게 기존 언론의 보도는 단순한 '떡밥'으로 소비되며 뉴미디어 환경에서 신속하게 반박되고 해체되는 과정을 거친다. 이러한 변화는 정보 소비 방식뿐만 아니라 정치적 태도 형성에도 영향을 미치며 기존 미디어 권력이 더 이상 일방적 영향력을 행사할 수 없는 환경을 조성하고 있다.

이 변화는 부정선거 의혹을 둘러싼 논쟁에서도 명확하게 드러난다. 기성 언론이 선거 관련 의혹을 '정치적 음모론'으로 치부하는 동안, 2030세대는 뉴미디어와 개인 주도의 데이터 분석을 통해 선거 과정과 결과의 신뢰성을 직접 검증하는 방식으로 대응하고 있다.

'형상기억용지', '배춧잎용지' 등 정상적이지 않은 투표 용지에 대한 문제 제기는 과거에는 일부 우파 진영의 음모론으로 간주되었지만, 2030세대가 관심을 갖고 문제를 제기하면서 국민적 의혹이 40% 이상으로 치솟으며 대중적 아젠다로 자리 잡았다. 온라인 커뮤니티를 중심으로 자료의 신빙성을 검토하고 선거 데이터를 분석·공유하는 흐름이 확산되면서 기존 정치적 프레임에서 벗어나 독립적인 판단을 내리는 경향이 강화되고 있는 것이다.

기성 언론에 대한 불신은 곽종근 육군 특수전사령관과 홍장원 국가정보원 제1차장의 오락가락하는 발언, 문형배 헌법재판소장 대행의 동문회 음란물 공유 논란 처리 방식 등 구체적인 사례를 통해 더욱 심화되었다. 특히 문 대행이 선거관리위원회 해킹 가능성에 대한 검증은 거부하면서 본인 관련 논란을 폭로한 해커에 대해서는 적극적인 수사를 의뢰한 장면은 2030세대에게 법 집행의 공정성과 국가 기관의 신뢰성 문제를 더욱 부각시켰다.

디지털 놀이문화, 개념 연예인의 쇠퇴

2030세대의 정치적 각성은 단순한 거리 집회와 온라인 담론 형성을 넘어, 문화적 코드와 결합한 새로운 형태의 저항 방식으로 확장되고 있다. 최근 탄핵 정국 속에서 나타난 'CIA 대첩' 현상은 이를 단적으로 보여준다.

과거에는 특정 정치적 입장을 밝히는 연예인이 '개념 연예인'으로 추앙받으며 사회적 영향력을 행사했지만 이제는 이러한 구도가 변화하고 있다. 국민가수로 불리는 아이유는 윤석열 탄핵 집회 참가자들을 위해 빵 200개, 음료 200잔, 떡 100개, 국밥 300그릇을 선결제하며 화제를 모았다. 그러나 그는 8년 전 "박근혜 나와"를 외쳐 개념 연예인으로 부상했던 정우성과 같은 정치적 상징성을 얻지는 못했다.

미국인 우파 유튜버 '천조국 파랭이'는 "유명 가수를 CIA에 신고했다"는 제목의 영상을 올려, 윤석열 탄핵 집회를 지지하는 연예인들을 풍자했다. 영상 속에서 그는 가수 이승환, 소녀시대 유리, 뉴진스, 봉준호 감독 등을 '반미 행위'자로 규정하고 이들의 이름을 CIA 신고 리스트에 올리는 퍼포먼스를 진행했다. 이는 실제 정치적 행동이라기보다는 2030세대가 익숙한 '디지털 놀이문화'의 일부로 작동하며 정치적 풍자와 온라인 밈 문화가 결합한 사례라 할 수 있다.

특히 가수 이승환이 "나는 반미가 아니다"라고 해명하며 네티즌들과 '기싸움'을 벌인 행동은 오히려 조롱의 대상이 되었고 2030세대의 냉소적 정치 문화를 상징하는 장면으로 회자되었다. "CIA 대첩"으로 명명된 이 사건은 청년 세대가 정치적 효능감을 느끼는 또 하나의 방식이자, 놀이와 정치가 결합한 새로운 문화 현상으로 자리 잡고 있다.

2030세대는 기성 정치와 미디어에 대한 불신 속에서 뉴미디어를 기반으로 독자적인 정치적 정체성을 확립하고 있으며 이는 단순한 견해 변화가 아닌 기존 권력에 대한 저항과 독립적인 정보 검증의 확산으로 이어지고 있다. 뉴미디어에서 생성되는 콘텐츠는 전통적 정보 질서에 도전하며 이 세대의 정치적 참여 방식과 정보 소비 구조를 변화시키는 핵심 동력이 되고 있다.

디지털 의병단과 2030 우파의 부상

2030 우파의 부상에는 계엄·탄핵 정국을 계기로 좌파에서 우파로 전향한 이들과 자유 경제 우파들의 대거 참여로 형성된 '디지털 의병단'이 중요한 역할을 했다. 특히 평소 정치와 거리를 두던 재테크, 주식, 부동산, 종교, 이슈 채널 운영자, 변호사 등 다양한 분야의 인플루언서들이 탄핵 반대 진영을 형성하며 뉴미디어 정치의 중심 세력으로 자리 잡고 있다는 점이 주목할 만하다.

인기 강사 전한길이 탄핵 반대 의견을 담은 영상이 수백만 조회수를 넘기며 디지털 의병단의 영향력이 정점을 찍었다. 그는 2030세대와 함께 가겠다는 뜻을 분명히 하면서 자신이 몸담은 기성 세대의 경계를 넘어 '2030'이 이끄는 새로운 정치 논의에 적극 동참하는 모습을 드러내고 있다. 이는 2030세대가 실제로 정치 논의를 만들어가는 주체로 성장하고 있다는 것을 보여주는 의미 있는 변화라고 할 수 있다.

디지털 미디어에서는 AI 기술을 활용한 정치 콘텐츠가 확산되면서 우파 진영의 메시지 전달력이 더욱 강화되고 있다. '드럼통타이거', '오른손' 등 우파 성향의 젊은 뮤지션들은 AI를 활용한 뮤직비디오와 정치적 메시지를 담은 콘텐츠를 제작해 온라인에서 큰 반향을 일으키고 있다. 이는 정치적 메시지가 더욱 창의적이고 감각적인 방식으로 전달될 수 있도록 하며 젊은 세대의 관심과 참여를 적극적으로 유도하는 데 기여하고 있다.

더불어민주당의 미디어 통제 시도는 2030세대 내에서 '주적 의식'을 더욱 강화시키고 있다. 유튜버 탄압, 카카오톡 검열, 서부지법 사건 등으로 인해 정부의 전체주의적 행태에 대한 반감이 커지면서 2030세대는 '고난 서사'와 '투사적 캐릭터'를 부여받으며 강한 정치적 결집력을 형성하고 있다. 이는 기존의 수동적 정치 참여에서 벗어나 조직적인 반좌파·반더불어민주당 움직임을 확산시키는 계기가 되고 있다.

탄핵에 반대하는 목소리의 중심축으로 2030세대가 부상하면서 민주당의 전통적 지지기반으로 여겨졌던 호남 지역과 2030세대, 여성 유권자층에서 새로운 정치적 움직임이 감지되고 있다. 전교조 초등교사 출신 유튜버 '하세비'가 윤석열 대통령 탄핵 반대 등 시국 집회에서 연설을 이어가며 광장 무대의 단골 연사로 떠오르는가 하면 호남 태생의 20대 직장 여성 크리에이터 '효잉'의 영상이 수십만 뷰를 돌파하는 등 젊은 보수 성향 여성 논객들이 주목받고 있다. 광주에서 진행된 탄핵 반대 집회에 많은 인파가 모였으며 전남대와 조선대를 비롯한 호남권 대학들에서 탄핵 반대 성명이 발표되는 등 과거에는 보기 드물었던 풍경이 연출되고 있다.

이는 지역과 성별을 초월한 새로운 정치적 흐름으로, 기존 정치 지형의 변화를 시사하며 2030세대의 정치적 독립성과 다양성을 보여준다. 결국 2030세대는 단순히 기존 보수의 연장이 아니라, 디지털 기반의 새로운 정치 문화와 내러티브를 형성하며 대한민국 정치 지형을 재편하는 핵심 주체로 부상하고 있다. 기성 586 기득권과의 충돌, 기성 언론의 신뢰 하락 등은 2030세대의 보수 정치 참여를 가속화하는 주요 배경이 되고 있으며 이는 기존 정치 권력 구조의 재편과 새로운 정치 패러다임의 가능성을 예고하고 있다.

2030, 새로운 정치 질서를 형성하는 세대

2030세대는 기존의 정파적 개념으로 정의하기 어려운 독자적인 정치 성향을 보인다. 자기주도 학습과 실리를 중시하며 복잡한 논리나 현학적 레토릭보다는 즉각적으로 이해할 수 있는 정보와 메시지를 선호한다.

이들은 '젠더 갈등', 'PC주의·PC나치', '무지성 팬덤 문화'(주류 매체보다 인플루언서를 신뢰하며 커뮤니티에 속하려는 문화), '너 뭐 돼?'(권위보다 개별적 주체성을 강조하는 개인주의 문화) 등 모순된 개념이 충돌하면서도 공존하는 세대다. 특정 정치 세력에 일방적으로 귀속되지 않고 상황에 따라 독립적이고 유동적으로 판단하는 태도를 유지한다. 기존 보수·진보 프레임에 얽매이지 않고 실용적이고 직접적인 정치적 결정을 내리는 것이 특징이며 전통적인 정치 세력의 집단적 행태보다 개인적 이익과 실질적 변화를 우선시한다.

2030세대는 결과적 평등보다 공정한 기회 창출을 중시하며 정당한 경쟁을 통한 성취를 추구한다. 2024년 4월 엠브레인이 전국 성인 남녀 1,000명을 대상으로 실시한 여론조사에서도 2030세대의 실리적·성과주의적 경향이 확인되었다. 25만 원 전국민 지급과 같은 포퓰리즘적 정책에 대한 찬성률은 20.1%로, 40대 이상 기성세대 평균 찬성률(28.9%)보다 낮았다. 이들은 전 국민에게 동일한 금액을 지급하는 정책보다, 노력과 성과에 따른 차등적 보상을 선호한다. 단순한 현금 지급보다 청년들에게 성공을 위한 기회를 창출하는 것이 국가의 역할이라고 인식하며 개인의 노력과 능력에 따른 보상이 더욱 공정하다고 본다.

그러나 이러한 실용주의적 태도는 기성 세대에서는 볼 수 없던 '세대 내 젠더 갈등'을 심화시키는 요인이 되기도 한다. 전통적 성역할이 무너지는 가운데, 가부장적 제도를 보정하기 위한 페미니즘 정책이 유지되면서 불공정·역차별 논란을 불렀기 때문이다. 이 현실과 법제도의 괴리가 성별에 따른 상이한 이익을 가져오면서 2030세대 내부에서도 첨예한 정치적 대립이 벌어지고 있다.

군 복무 문제와 여성가족부, 여성 할당제를 둘러싼 갈등은 이 세대의 공정 감수성과 맞닿아 있으며 다음 장에서 다루게 될 '2030 남성, 군대, 젠더 갈등'의 직접적인 배경이 된다.

이념을 넘어 실리를 향해

2030세대는 단일한 가치와 지향성을 공유하는 집단으로 정의하기 어렵다.

디지털 커뮤니티를 통해 특정 서브컬처에 몰두하면서도, 개인적 이득에 따라 정치적 입장을 조정하는 유동성을 보인다. 기회의 평등과 노력·실력에 따른 보상을 중시하며 단순한 성평등보다 성과 기반의 차등적 보상을 더 중요하게 여긴다.

기존의 세대 정치나 이념적 정렬과는 달리, 2030세대는 자신이 속한 디지털 커뮤니티와 개인적 이해관계에 따라 정치적 태도를 형성하는 경향이 강하다. 국가안보, PC주의 같은 거대 담론보다는 개인적 이득을 우선하며 필요에 따라 정치적 태도를 조정하는 실용적 사고방식을 보인다. 성과주의를 강조하면서도 군 가산점·여성 징병제 등 특정 정책에 대한 태도는 개인적 이익에 따라 유동적으로 변화한다.

2030세대는 이념보다 실리, 국가보다 개인, 기존 관습보다 서브컬처를 기반으로 이해관계를 조정하며 자신에게 최적화된 선택을 하는 세대다.

앞서 살펴본 것처럼, 2030세대의 정치적 각성은 단순한 '한 세대의 성향 변화'가 아니라 한국 정치 전체의 힘의 구조를 바꾸는 사건이다. 디지털 의병단과 팬덤 우파, 그리고 군대와 젠더, 코리아 퍼스트 감수성은 모두 여기서 출발한다.

문화·젠더 전략—페미니즘에서 패밀리즘, 하이퍼 젠더로

오늘날의 '다양성'은 더 이상 자유의 언어가 아니다. 미국에서 시작된 DEI(다양성·형평성·포용성) 정책은 본래 소수자 보호를 위한 것이었으나, 이제는 상식과 정통을 억압하는 새로운 도덕 전체주의로 변질됐다. 과거의 권위주의가 명령과 통제의 폭력이었다면, 지금은 '선의의 폭력'이 도덕의 이름으로 일상화되고 있다.

도널드 트럼프 전 대통령과 일론 머스크가 이 흐름에 반기를 든 이유가 여기에 있다. 트럼프는 하버드의 다양성 정책을 "실력보다 정체성을 우대하는 불공정"이라고 비판했고 머스크는 16세 아들이 학교의 젠더 포용 교육 속에서 부모 동의 없이 성전환을 결정한 일을 계기로 "좌파 이데올로기가 아이의 정체성을 파괴했다"고 공개적으로 말했다. 한때 트럼프를 강하게 비판하던 폭스뉴스 출신 언론인 메건 켈리조차, 학교 현장에서 "남자 아이가 여자가 되고 싶다면 국가가 돕는다"는 식의 현실을 목도한 뒤 "정상이 비정상이 되고 비정상이 정상이 되는 세상"이라고 규정하며 트럼프 지지로 돌아섰다. 다양성의 이름으로 상식이 해체되고 다원주의가 또 다른 전체주의로 변모하는 현상이 서구 사회 전반에서 나타나고 있는 것이다.

한국 사회도 예외가 아니다. 다양성과 포용을 명분으로 내세운 페미니즘·PC 담론은 이제 2030세대의 공정 감수성과 충돌하며 오히려 젠더 갈등을 심화시키고 있다. 과거의 페미니즘 서사가 남성과 여성을 대립 구도로 세우며 남성을 잠재적 가해자, 여성을 영원한 피해자로 규정했다면, 오늘의 젊은 세대는 이 프레임을 더 이상 받아들이지 않는다. 특히 젊은 남성들은 "여성은 권한만 누리고 책임은 지지 않는다"는 역차별 인식 속에서 강한 피해의식을 경험하고 있다. 본인들이 국가를 위해 군 복무를 하고 있음에도 그 희생이 충분히 보상받지 못한다는 불공정감이 깊이 쌓여 있다.

이제는 정체성 정치의 단계를 넘어, 국가와 공동체의 책임을 중심에 두는 새로운 사회계약이 필요하다. 젠더가 아니라 시민으로, 피해자·가해자가 아니라 국익의 동등한 주체로 남성과 여성을 재정의하는 패러다임으로 나아가야 한다. 나는 이것을 '**하이퍼 젠더**(hyper-gender)'라고 부르고자 한다.

하이퍼 젠더란 젠더를 해체하자는 급진 이론이 아니다. 오히려 남성과 여성을 국가 공동체를 떠받치는 동등한 주권자로 세우는 제안이다. '남성=특권층, 여성=피해계층'이라는 낡은 이분법에서 벗어나, 남녀 모두를 국가와 공동체를 유지하는 책임의 주체로 승격시키는 발상이다. 진짜 성평등은 특혜와 면제의 문제가 아니라, 공동체를 위해 얼마나 동등하게 책임을 지는가의 문제다.

이 전환의 상징적 출발점이 여성 징병제 논의다. 여성 징병제는 단지 병력 자원을 확보하기 위한 기술적 처방이 아니라, 공정과 책임윤리를 제도적으로 구현하는 실천이다. 여론조사를 보면 20대 남성의 상당수가 여성 징병제와 군 가산점 부활에 찬성하는 반면, 여성의 찬성률은 매우 낮게 나타난다. 이는 단순한 찬반을 넘어, 세대 전체가 공정성의 위기를 체감하고 있음을 보여준다. 군 복무를 '특정 성별의 의무'로 남겨둘 것인지, 아니면 '국가 시민 모두의 공통된 책임'으로 재구성할 것인지가 앞으로의 정치가 답해야 할 질문이다.

북유럽 국가들은 한발 앞서 이 문제를 제도화했다. 노르웨이, 스웨덴, 덴마크 등은 여성 징병제를 도입해 18~19세 남녀 모두를 징집 대상에 포함했다. 체력·적성검사와 면담을 거쳐 선발된 인원만 복무하는 방식으로 운영하며, 복무 만족도는 매우 높게 나타난다. 복무 이후 여성의 사회 참여율과 리더십 역량이 향상됐고 군이 '남성 조직'이라는 인식도 크게 완화됐다. 군 복무가 단순한 의무가 아니라, 사회적 리더십을 훈련하는 장으로 자리 잡은 것이다.

여성 징병제의 의미는 세 가지로 정리할 수 있다.

첫째, 권리와 의무의 평등을 제도적으로 구현함으로써 공정의 원리를 회복한다.

둘째, 군 조직문화를 혁신해 성 역할 고정관념을 해체하고 실력 중심의 문화로 나아갈 수 있다.

셋째, 젠더 갈등을 완화하고 사회 통합을 강화한다. 남녀가 함께 복무하며 국가 공동체의 일원으로서 동등한 책임을 질 때 갈등은 자연스럽게 협력으로 전환된다.

보수는 이 담론을 방어적으로 수용할 것이 아니라 능동적으로 주도해야 한다. 과거의 가부장제가 남성 중심의 특권 구조였다면, 오늘날의 PC 전체주의는 그 반대편에서 작동하는 배타적 이념 구조다. 진정한 보수의 길은 어느 한쪽의 회귀가 아니라, 공정과 책임을 바탕으로 한 새로운 성평등과 성화합의 가치 복원이다. 여성 징병제는 그 상징적 제도 실험이 될 수 있다.

여기서 한 발 더 나아가야 할 방향이 '페미니즘에서 패밀리즘으로'의 전환이다. 하이퍼 젠더가 국가·시민의 책임윤리를 재구성하는 프레임이라면, 패밀리즘은 가족·돌봄의 사회적 역할을 재배치하는 프레임이다. 전통적 가족 가치를 복원하되, 이혼·재혼·한부모·비혼 동거 등 현실에 존재하는 다양한 가족 형태를 도덕적 비난의 대상이 아니라 사회적 안전망의 대상으로 포용하는 접근이 필요하다.

하이퍼 젠더와 패밀리즘을 결합한 보수의 실용 전략은 다음과 같이 정리할 수 있다. 남성을 잠재적 가해자로, 여성을 영원한 피해자로 보던 낡은 프레임에서 벗어나, 남녀 모두를 국가와 공동체를 떠받치는 동등한 시민으로 재정의한다.

군 복무, 가족 정책, 노동·돌봄 정책을 "성 대결"이 아닌 책임의 공평한 분담이라는 관점에서 설계한다. 남녀 모두에게 복무·생계·돌봄의 책임이 공정하게 배분되도록 제도를 설계해야 한다.

전통적 가족 가치를 복원하되, 이혼·재혼·한부모·비혼 동거 등 다양한 가족 형태를 도덕의 문제가 아니라 사회적 안전망의 대상으로 포용한다. 가족의 형태보다 가족이 공동체에 대해 지는 책임과 아이에 대한 책임을 중심에 둔다.

이렇게 할 때 보수는 퇴행적 가부장제가 아니라, 공정과 책임에 기반한 새로운 성평등·성화합의 비전을 제안하는 진영으로 자리 잡을 수 있다. 진정한 평등은 성별의 문제가 아니라 국가와 공동체에 대한 헌신의 문제라는 점을 분명히 하는 것, 그것이 하이퍼 젠더 시대의 정체성 전쟁을 돌파하는 보수의 길이다.

하이퍼 젠더_정체성 전쟁을 넘어 새로운 시민 정체성으로

오늘날의 젠더 담론은 더 이상 남성과 여성의 권리 확충이나 소수자의 보호라는 고전적 의제를 넘어, 사회 전체의 정체성 구조를 뒤흔드는 새로운 갈등 축으로 확장되고 있다. 특히 미국에서 비롯된 DEI(다양성·형평성·포용성) 정책과 정체성 정치는, 출발점의 선의와는 달리 개인을 생물학적·사회적 정체성 집단에 귀속시키는 새로운 형태의 도덕적 강제를 만들어냈다. 다양성의 이름으로 제시되는 수많은 규범은 오히려 상식과 정통을 억압하는 규범적 전체주의로 변질되었고 개인은 자신이 선택한 정체성이 아니라 집단이 부여한 정체성의 대표로 기능하도록 강요받게 되었다.

이 같은 흐름 속에서 나는 '하이퍼 젠더(hyper-gender)'라는 개념을 제안한다. 하이퍼 젠더는 기존의 젠더 구분을 해체하려는 시도가 아니라, 오히려 젠더 자체를 넘어선 새로운 형태의 시민 정체성을 정의하는 철학적·사회계약적 개념이다. 이는 남성과 여성이라는 생물학적 구분이나 남성성·여성성을 둘러싼 고전적 고정관념을 벗어나, 개인 내부에 존재하는 두 성질의 조화를 통해 공동체의 책임을 지는 시민으로 서는 새로운 패러다임이다.

특히 Z세대·알파세대의 문화 코드를 보면 이 변화는 더욱 분명해진다.

에겐남 에겐녀 테토남 테토녀 새로운 성 방정식?

요즘 청년들은 서로를 "에겐남(Estrogen + 남성)", "에겐녀(Estrogen + 여성)", "테토남(Testosterone + 남성)", "테토녀(Testosterone + 여성)" 같은 방식으로 부르며 남성·여성이라는 이분법 대신 에스트로겐/테스토스테론 성향의 비율로 자신과 타인의 성향을 이해한다. 이는 기존 사회가 제공한 '남자다움·여자다움'의 틀을 거부하고 각 개인 안에 이미 존재하는 다층적·혼종적 젠더 성향을 능동적으로 조합해 새로운 정체성을 구성하는 방식이다. 젊은 세대의 이러한 실험적 정체성 감각은, 전통적 생물학적 성 구분을 넘어서는 동시에, 개인을 심리적 통합의 단위로 바라보려는 하이퍼 젠더 개념과 직접적으로 연결된다.

하이퍼 젠더의 기초에는 융(Carl Gustav Jung)의 분석심리학이 놓여 있다. 융은 인간 정신에는 누구에게나 남성성(아니무스)과 여성성(아니마)이 공존한다고 보았으며, 인간의 성숙은 이 두 요소의 통합에서 비롯된다고 설명했다. 현대 청년층의 '에겐남·테토녀' 같은 언어적 실험은 융의 통찰을 대중문화적 언어로 재해석한 방식이자, 강인한 여성성·섬세한 남성성·부드러운 권력감·단단한 감수성을 개인이 자유롭게 혼합하는 시대정신의 표현이다.

하이퍼 젠더는 이러한 심리적 통찰을 공동체적, 정치적 차원으로 확장한다. 개인은 더 이상 '남성 집단의 대표', '여성 집단의 대표'로 기능하는 존재가 아니라, 내부에 존재하는 남성과 여성성의 균형을 바탕으로 공동체의 권리와 의무를 수행하는 시민으로 재정의된다. 다시 말해 하이퍼 젠더는 성별에 따른 고정된 정체성을 넘어, 개인의 심리적 통합과 책임 기반 시민성을 중심으로 사회계약을 재설계하는 개념이다.

정체성 정치의 문제는 개인을 개인으로 보지 않고 집단의 대리인으로만 취급한다는 데 있다. 남성은 잠재적 가해자로, 여성은 영원한 피해자로 고정하는 논리는 사회적 분열만을 확대한다. 특정 집단에 속한 일부의 경험·특권·문제를 모든 구성원에게 전가하는 방식은 정당한 논쟁조차 진영 대결로 환원시키며, 결과적으로 사회 통합을 불가능하게 만든다. 하이퍼 젠더는 이러한 파국적 정체성 정치에서 벗어나기 위한 새로운 탈출구이자 공동체 재건의 철학적 기반이다.

하이퍼 젠더 시민은 성별로 정체성이 부여되지 않는다. 오히려 남성과 여성이라는 구분을 넘어, 국가와 공동체의 지속을 위해 동등한 책임을 지는 존재로 자리한다. 이러한 관점에서 여성 징병제 문제는 단순한 병력 수급이나 형식적 평등의 문제가 아니라, 공동체 구성원이 스스로 책임의 주체로 설 것인지, 혹은 집단 정체성의 혜택만을 요구할 것인지의 문제로 재해석된다. 노르웨이, 스웨덴, 덴마크의 여성 징병제는 바로 이러한

'책임 기반 시민성'의 제도적 구현이다.

하이퍼 젠더는 남성과 여성을 경쟁적 존재로 놓지 않는다. 오히려 양측을 국가 공동체의 자원으로 재배치하며, 성 역할 고정관념을 깨고 실력과 책임을 중심으로 한 새로운 문화적 질서를 제시한다. 남성이든 여성이든, 개인이 국가를 지탱하는 주체로서 동일한 의무를 수행할 때, 사회는 젠더 갈등이 아닌 공동체적 연대의 방향으로 움직인다. 이는 보수·진보·세대 전반을 아우르는 새로운 공정성의 틀이며, 한국 사회가 더 이상 정체성 정치에 휘둘리지 않기 위한 성숙 과정이다.

결국 하이퍼 젠더는 "젠더의 문제가 아니라 책임의 문제"라는 명제를 중심에 둔다. 페미니즘 vs 안티페미니즘, PC 전체주의 vs 반동적 반격이라는 무한 반복 속에서 한국 사회는 공동체적 기준을 잃어버렸다. 하이퍼 젠더는 그 악순환을 끊고 개인 내부의 심리적 성숙을 국가 공동체의 성숙으로 확장하는 윤리적·정치적 이론이다. 남성과 여성이라는 이분법을 넘어, 개인이 공동체를 지탱하는 동등한 시민으로 서는 것. 이것이 하이퍼 젠더가 제안하는 새로운 사회계약의 핵심이자, 앞으로의 한국 사회가 지향해야 할 성평등·성화합·공정성의 철학적 초석이다.

언더독 빌런 vs 흑화된 범생이―이대녀·이대남이 만든 하이퍼 젠더 정치의 시대

2025년의 한국 사회는 더 이상 남성과 여성의 이분법만으로는 설명되지 않는다. 대중문화와 정치, 그리고 일상의 감정 구조 자체가 재배치되면서 사람들은 이제 남녀의 관계보다 동료성, 능력, 팀워크, 감정적 안전감을 우선적으로 느낀다. 이 변화의 중심에는 젊은 여성들, 이른바 이대녀가 있다. 이대녀는 더 이상 이성의 시선 속에서 자신을 구성하지 않는다. 그들의 열광과 불안, 선택과 행동은 모두 동성 내부의 인정, 그리고 공동체적 감정의 결로 움직인다. 이 감정 구조는 나는 '하이퍼 젠더'라는 이름의 새로운 시대정신으로 수렴되고 있다고 본다.

대중문화에서 성과 젠더의 반란은 마돈나에게서 시작됐다. 그는 단순한 섹스 심벌이 아니었다. 자본주의 사회에서 실력, 돈, 섹스어필을 결합하면 여성도 남성과 동일한 쾌락과 권력을 누릴 수 있다는 사실을, 자기 몸과 커리어로 증명해낸 인물이다. 가부장제 남성들이 독점하던 권력을 여성의 몸과 노동, 이미지 전략으로 치환해낸 존재, 그게 마돈나다. 그는 자기 안의 남성성과 여성성을 모두 상업적으로 극대화하면서 성의 주도권을 남성에게서 빼앗아 여성 스스로에게 되돌렸다. 마돈나의 전략은 '전복'이었다. 성 권력의 방향을 거꾸로 뒤집는 방식이었다.

레이디 가가는 다른 길을 택했다. 그는 여성성과 남성성 중 어느 하나를 선택하지 않았다. 오히려 둘 다를 무화시키는 기괴함을 전면에 내세웠다. 드레스인지 조형물인지 모를 의상, 남성·여성의 경계를 일부러 뒤틀어놓은 퍼포먼스, 어느 젠더의 시선에도 완전히 포획되지 않는 이미지. 레이디 가가는 젠더의 장식과 표식 자체를 해체하면서 성적 의미를 무력화하는 탈억제감의 시대를 열었다. 매력적인 여성, 매력적인 남성이 되는 게 중요한 게 아니라, 아무 규범에도 얽매이지 않는 몸, 아무것도 아니면서 무엇이든 될 수 있는 존재 자체가 메시지가 되는 세계다. 마돈나가 성 권력을 전복했다면, 가가는 성의 기호체계를 해체하며 '남자/여자'라는 언어 자체가 필요 없는 국면으로 우리를 밀어붙였다.

이 서구 팝의 계보를 한국적으로 변형한 사례가 2025년 등장한 혼성 아이돌, 올데이프로젝트(All Day Project)다. 한국 대중문화 산업에서 "혼성그룹은 안 된다"는 말은 오랫동안 불문율에 가까웠다. 남녀가 함께 활동하면 원치 않는 로맨스 추측이 붙고 팬덤이 갈라지고 성적 긴장과 소비 코드가 충돌한다는 이유였다. 올데이프로젝트는 이 금기를 정면으로 깼다. 이들의 세계에는 남녀 간 연애 서사가 없다. 대신 모든 멤버가 조직의 구성원, 역할을 가진 동료로 작동한다. 남성 멤버는 '남성성'을 과시하지 않고 여성 멤버는 남성의 시선을 겨냥해 연출되지 않는다. 서로는 이성적 대상이 아니라 팀을 구성하는 개인이다. 이들의 퍼포먼스는 성적 긴장 대신 조직적 에너지, 집단적 시너지, 역할 기반 존중으로 완성된다. 성적 매력의 시대에서 관계적 매력의 시대로 넘어간 2025년 한국 대중문화의 선언 같은 장면이다. 이 지점이 바로 하이퍼 젠더적 감각이 구체적 이미지로 구현되는 순간이다.

이미 2021년 「스트릿 우먼 파이터」의 폭발적 인기는 이 감정 구조의 변화를 예고하고 있었다. 이대녀 세대는 남성과 여성이 함께 꾸리는 로맨스에 반응한 것이 아니라, 여성끼리의 의리, 능력, 존중, 팀워크에 감정적으로 이입했다. 팀을 위해 자신을 던지는 리더, 동료를 위해 묵묵히 땀 흘리는 언니, 함께 울고 웃는 동료들. 스우파의 중심 서사는 '남자에게 사랑받는 여자'가 아니라 '여자들에게 존경받는 여자'였다. 뉴진스의 뮤직비디오 역시 같은 맥락에 서 있다. 연애 서사는 축소되고 여성 친구와의 관계, 여자아이들끼리의 상처와 위로, 서로를 지지하는 장면이 감정적 클라이맥스를 이룬다. 로맨스의 대상은 남성이 아니라 자기 또래의 여성, 혹은 자기 자신이다. 여성이 여성을 좋아하는 것은 정치적으로 바람직하고 남성을 욕망의 대상으로 노골적으로 이야기하는 것은 오히려 정치적으로 바람직하지 않다고 여겨지는 분위기. 이 감정 구조는 젠더를 '성적 관계의 문제'가 아니라 동성 내부의 감정 구조 재편의 문제로 바꾸어 놓았다.

이대남의 스윗남 비토심리

흥미로운 것은 남성 집단 내부에서도 비슷한 변화가 일어난다는 점이다. 젊은 남성들 사이에서는 '여자에게 친화적인 남자', 이른바 스윗남이 오히려 비토의 대상이 되곤 한다. 여성에게 잘 보이고 여성에게 인기가 많다는 이유만으로 같은 또래 남성들 사이에선 은근히 조롱당한다. 이것은 단순한 질투가 아니라, 남성들 역시 자신들만의 동성 내부 인정 욕망으로 움직이고 있다는 신호다. 이대녀가 여성에게 감정적으로 결속되듯, 이대남 역시 남성 집단 내부에서 인정받기 위한 새로운 위계를 재구성하는 중이다. 하이퍼 젠더는 그래서 남녀의 대립 구도가 아니라, 남녀가 각각의 세계 안에서 인정받고 싶은 욕망이 어떻게 구조화되는지를 읽어내는 개념이다.

이 감정 구조를 읽지 못한 채 "여성 전용 정책을 더 주면 여성 표를 얻을 수 있다"거나 "이대남 달래기용 공약만으로도 청년층을 잡을 수 있다"고 믿는 정치는 이미 시대에 뒤처졌다. 지금의 정치 갈등을 단순히 남녀 싸움으로 읽는 것은 피상적이다. MZ세대가 겪는 충격은 훨씬 더 구조적이고 생존적이다. 저성장·무한경쟁 시대의 불안, 빠르게 닫혀가는 계층 이동의 사다리, 학력·스펙 경쟁을 통과해도 제대로 보상받지 못한다는 절망감. 이 구조적 위협 속에서 MZ의 적은 더 이상 북한도, 추상적인 기성세대도 아니다. 그들은 '알파걸', '김치녀', '한남' 같은 왜곡된 상징들을 서로에게 던지며 생존 경쟁의 불안을 상대 젠더에게서 찾는다.

　문재인 정부 시절 극단적인 갈라치기 정치, 강남역 사건과 미투 운동, "다음 생엔 남자로 태어나라" 같은 실언은 젊은 세대의 감각을 결정적으로 자극했다. 여성들은 자신들이 보호받는다고 느꼈고 남성들은 국가로부터 '잠재적 범죄자' 취급을 받는다고 느꼈다. 그 감정의 파편이 지금의 젠더 전쟁을 낳았다. 그 사이, 한때 좌파 정권에 우호적이던 2030 남성들은 이준석의 '펨코 정치'를 계기로 국민의힘에 지지를 보냈지만, 이준석 퇴출과 여가부 폐지 지연 등으로 그 연대의 끈은 금세 약화됐다. 반대로 박원순 성범죄와 죽음을 계기로 민주당에서 이탈했던 일부 여성층은, 이준석 정치의 주류화에 반발하며 다시 민주당으로 되돌아왔다. 지금 20대의 정치 지형을 보면 남성은 대체로 보수, 여성은 대체로 민주당 쪽으로 기울어 있지만 어느 쪽도 확실한 지지를 주지 않는, 불안정하고 파편화된 지형이 펼쳐져 있다.

　이 지점에서 한국 정치가 간과해온 사실이 하나 있다. 보수의 가장 약한 고리는 언제나 여성, 그중에서도 30·40·50 여성층이었다는 것. 이들을 설득하지 못한 보수는 단 한 번도 이긴 적이 없다. 그런데 아이러니하게도, 그 보수의 취약점을 보완할 힌트는 원조 페미 언니들에게서 온다. 1980~90년대 대학가에서 "여성들이여 테러리스트가 돼라"를 읽고 운동권 페미니스트로 성장했던 1세대들이, 지금은 민주당과 강성 페미니즘의 허위의 식을 비판하며 보수로 이동하고 있다는 사실. 전여옥, 오세라비 같은 인물들이 그 상징이다.

20대 기자였던 시절, 나는 인터뷰를 위한 만난 전여옥 작가에게 이런 질문을 던진 적이 있다. "사회가 여성에게 많은 차별을 준다고 느낄 때, 선생님은 어떻게 버티셨나요?" 전여옥은 망설임 없이 대답했다. "저는 딱 봐서 만만해 보이는 사람이 아닙니다." 피해자 서사로 자신을 설명하지 않는 태도, 스스로 규칙을 만들고 스스로 길을 닦겠다는 타입의 여성. 그 한 문장은 내가 조직 내 소수자였던 초년병 시절, '테러리스트'식 저항만으로는 버틸 수 없다는 것과 동시에, "만만해 보이지 않는 여성"이 된다는 것이 무엇인지 생각하게 만들었다.

걸크러시, 남성 타도주의 아닌 능력에 기반한 새로운 여성상

지금의 2030 여성들은 남존여비도, 교육·승진 차별도 직접 경험하지 않았다. 대학의 리더는 여성인 경우가 많고 전문직 진출에서도 여성은 남성 못지않다. 하지만 이 세대가 겪는 다른 폭력이 있다. 586 세대가 만든 악성 정치 페미니즘, 여성을 영원한 피해자로, 남성을 영원한 가해자로 묶어두는 낡은 서사이다. 강성 페미니즘은 이대녀들에게도 피로감을 주기 시작했다.

내 유튜브 방송에서 스우파의 걸크러시 서사를 이야기했을 때, 한 이대녀 시청자가 긴 댓글을 남겼다. "걸크러시는 여자애들 머릿속 환상입니다. 현실의 여자애들은 징징대고 남탓하고 의지하려 하죠. 관념 속 '승리자'가 되지 못하면 세상 탓을 합니다. 민주당을 지지했던 것도 '여성친화정책'을 해준다는 환상 때문이었고 그 환상이 깨지니까 지금 무당층으로 숨은 겁니다." 물론 이 말이 모든 여성을 대표하지는 않는다. 그러나 여기에는 중요한 단서가 있다. 바로 "환상과 현실의 괴리"다. 여성을 영원한 피해자로 묘사하는 페미니즘은 젊은 여성 스스로에게도 점점 설득력을 잃어가고 있다. 스우파의 인기 서사가 보여주듯, 여성들 역시 남탓만 하고 징징대는 캐릭터에 매력을 느끼지 않는다. 팀의 리더로, 선배로, 동료로 책임을 지는 여성에게 감정이입한다. 걸크러시는 남성 타도주의가 아니라 능력·의리·책임감에 기반한 새로운 여성상이다.

문제는 보수가 이런 변화를 읽지 못했다는 점이다. 이대녀는 "페미니스트라서 민주당을 지지"하는 게 아니다. 그들은 기본적으로 능력주의 세대다. 성별 선동이 아니라 성과와 책임에 반응한다. 그럼에도 민주당은 여전히 '여성=희생자' 서사만 반복하고 보수는 '여성=민주당 지지층'이라는 낡은 도식에 갇혀 있다. 그 사이에서 이대녀들은 자신의 정체성도, 정치적 대안도 찾지 못한 채 무당층으로 흩어진다.

그러나 여기서 필자가 강조하고 싶은 지점은, 젠더 갈등의 폭발이 단순히 남녀 간의 대립으로 환원될 수 없다는 것이다. 대중문화에서 오래도록 작동해온 "청순가련—남성의 시선—이성 기반 섹스어필"이라는 성공 문법이 무너진 것처럼, 정치 역시 더 이상 신사도·도덕성·품격 경쟁이라는 낡은 규범으로 설명되지 않는다. 사회 전반의 감정 구조가 급격히 바뀌면서, 정치의 문법 또한 극한의 생존 투쟁 서사로 이행하고 있다는 것이 필자의 핵심 관찰이다.

좌파버전 '언더독 빌런'의 끝판왕 이재명

이를 가장 극명하게 보여주는 사례가 바로 이재명이다. 그는 대선 패배와 지선 패배라는 연속된 책임에도 불구하고 일말의 책임도 지지 않은 채, 오히려 당권을 장악하고 비명계를 제거하며 공천권을 독점하는 방식으로 더불어민주당을 사실상 개인 권력 중심의 사당으로 만들었다. 이 과정에서 한국 정치는 과거처럼 도덕성·정책성·이념 대결의 틀로 움직이지 않는다. "옳으냐 그르냐"라는 가치 판단보다 어떻게든 살아남고 상대를 제거하는 생존 투쟁의 서사가 새로운 표준이 된 것이다.

이러한 변화를 직면한 보수·우파 진영 역시 더 이상 '착한 아이 컴플렉스'에 갇혀 있을 수 없다. 오히려 흑화된 모범생의 내러티브—정당성은 유지하되 전략은 날카롭고 공격적으로 변한 생존형 리더—를 채택해야 하는 시대가 도래했다. 흥미로운 것은 이런 정치 서사의 변화가 서구 대중문화의 흐름과도 정확히 맞물린다는 점이다. 킴 카다시안, 테일러 스위프트와 같은 글로벌 인플루언서들은 대중적 비난과 시스템의 장벽 속에서 끊임없이 "살아남기 위해 서사를 재구성하고 자신을 브랜드화하며 적대적 환경을 돌파하는 전략"으로 성공을 확장해왔다.

결국 지금 우리가 목격하는 것은, 젠더 갈등·정치 투쟁·대중문화 전반에 관통되는 동시대적 생존 서사의 폭발이다. 본 글은 이러한 변화들을 서로 병치함으로써 왜 '극한의 생존 트루기 서사'가 대중을 사로잡는 시대정신이 되었는지 분석하고자 한다.

2025년 한국 정치의 전장은 더 이상 '세대'가 아니라 '젠더'다. 그런데 그 젠더 갈등의 가장 극단적인 버전이 바로 이재명의 집권 과정이다. 그는 한국 정치에서 가장 처절한 방식으로 성공한 인물이다. 2022년 대선 패배 이후 재빨리 당권을 장악해 당을 사당화하고 비명계 숙청과 공천 학살을 통해 의회 권력을 쥐고 예산 줄세우기와 법무·검찰 인사 재배치를 통해 행정부와 사법부까지 압박했다. 대장동·백현동·쌍방울·성남FC 등 각종 비리 의혹의 한가운데 서 있으면서도, 그는 일관되게 "나는 정치적 희생자다"라는 메시지로 버텼다. 단식 퍼포먼스, 검찰과 언론을 향한 언어적 폭주, "검찰 독재" 프레임,

모든 사안을 자신에 대한 정치보복으로 환원하는 전략. 이건 전형적인 언더독 빌런의 교본이다.

언더독 빌런의 핵심은 간단하다. "나는 피해자다. 그러므로 나의 과격함은 정당하다." 이 전략은 단기간의 결집 효과는 강하지만, 사회 전체를 피로하게 만들고 정치적 신뢰를 파괴한다. 그럼에도 그는 이 방식으로 집권했다. 그 처절함만큼은 인정해야 한다. 그러나 우리는 질문해야 한다. 이 방식이 과연 민주주의와 공동체를 살리는 정치인가, 아니면 정치를 '감정 전쟁'으로만 만들고 마는가.

Chapter 06 테일러처럼 반격하라, 하이퍼 젠더 혁명

미국 대중문화에서는 이와 비슷한 구조가 카다시안과 테일러 스위프트의 싸움에서 나타났다. 카다시안 패밀리는 프로불링(pro-bullying) 기반의 언더독 빌런이다. 스캔들을 무기화하고 피해자를 조롱하며, 자기 욕망을 과시하고 PC 담론을 교묘히 이용해 새로운 왕조가 된 집안. 그들의 성장 과정에서 가장 큰 희생양 중 하나가 테일러 스위프트였다. 성희롱적 가사, 조작된 녹취, SNS 린치, 언론 프레임 왜곡. 테일러는 거의 매장될 뻔했다.

그런데 테일러는 울면서 사라지지 않았다. 그는 흑화되었다. 귀여운 컨트리 소녀를 버리고 강한 팝 전사로 돌아왔다. "뱀"이라는 조롱을 아예 본인의 상징으로 끌어당겨 스스로의 서사를 다시 썼다. 테일러의 흑화는 곧 "착한 모범생"이 언더독 빌런에게 당하고 난 뒤 살기 위해 택한 선택이었다. 더 강하게, 더 자기확신에 차서, 더 정치적이고 계산된 방식으로. 지금 그는 세계에서 가장 강력한 팬덤을 가진 아티스트가 되었다.

이 구조는 지금 한국 야당 대표 장동혁이 서 있는 전장에서 그대로 반복된다. 민주당이 장동혁에게 걸어온 부동산 네거티브는 카다시안식 공격과 닮아 있다. 사실 관계를 왜곡하고 감정 프레임을 씌우고 '부자=악'이라는 정서를 자극하며, 진짜 부동산 실패 책임은 자신들이 지고 있으면서도 그 책임을 야당 대표에게 뒤집어씌우려 한다. 그런데 알고 보면 장동혁의 부동산 자산은 실거주 중인 구로구 아파트까지 모두 합쳐 8억 원대 수준이다. 복기왕이 스스로 말한 "15억 아파트도 서민" 기준에도 한참 못 미친다. 이른바 '부동산 5적'이 갖고 있는 강남 30억 갭투자 아파트 방 한 칸도 못 살 액수다.

정책 실패 책임을 무고한 야당 대표에게 뒤집어씌우려다 오히려 본인들의 이중성과 위선을 드러낸 셈이다. 더 웃긴 것은 이 정권의 부동산 정책 사령탑들이 정작 자기 자산을 관리할 때는 철저한 시장주의자라는 점이다. 공급 전망이 요원한 상황에서 유동성이 커지면 집값이 오른다는 건 경제 상식이다. 그래서 '부동산 전문가'라는 이상경 차관은 직이 아니라 집을 택했고 이창진 금감원장은 매도가 아니라 자녀에게 양도하는 '합리적' 선택을 했다. "떨어지면 집 사라"고 말하면서, 정작 본인들은 부동산 불패에 베팅한 것이다. 자기 자산을 관리할 때는 시장주의자, 정책을 집행할 때는 공산주의자. 이 야누스의 두 얼굴, 자기 모순과 국민 기망이야말로 부동산 재앙의 근본 원인이고 문제인 정권을 무너뜨렸던 바로 그 패턴이 다시 반복되고 있다.

여기서 중요한 것은 장동혁의 대응 방식이다. 초반 그는 "6채를 다 합쳐도 강남 아파트 한 채보다 싸다"는 식으로 자신이 얼마나 검소하고 얼마나 적은 자산을 갖고 있는지를 강조했다. 그러나 이것은 결국 "나는 돈이 없다"는 자기 비하 프레임으로 들리기 쉽다. 국민의힘은 부동산 부자 자체를 악마화한 적이 없다. 개인의 행복추구, 노후를 위해 집을 짓고 상속받은 시골집과 처가의 지방 아파트를 정리하는 행위 자체가 죄가 될 수는 없다. 그럼에도 장동혁은 '부동산=죄책감'이라는 좌파 프레임에 일정 부분 끌려들어간 듯한 인상을 줬다. 앞으로는 그러지 말아야 한다.

하이퍼 젠더의 핵심은 이것이다. 자기 안의 욕망을 부정하지 않는 것. 성적 욕망이든 물적 욕망이든, 공동체에 해를 끼치지 않고 책임을 다한다면 개인의 욕망은 무죄라는 감각이다. 보수 정치도 마찬가지다. 보수는 가난해야 선하고 집이 있으면 악하다는 프레임을 거부하는 정치다. "나는 가난하다"가 아니라 "나는 내 욕망을 책임질 수 있다"가 메시지가 되어야 한다.

이 지점에서 이대남과 이대녀가 만난다. 이대남은 강한 리더를 원한다. 눈치 보며 계산만 하는 샌님형 엘리트가 아니라, 부당한 공격에 맞서 싸우는 전사형 리더를 원한다. 이대녀는 스우파와 뉴진스, 올데이프로젝트에서 보듯 실력·우정·의리·팀워크를 중시하는 걸크러시 서사에 빠져 있다. 둘 다 같은 것을 싫어한다. "착한 척" 하는 정치, 가식적인 친절, 말로만 공정과 약자를 외치는 위선. 이들에게 통하는 정치 서사는 결국 하나다.

"당당한 욕망 + 실력 + 책임."

이것이 하이퍼 젠더 정치다. 이재명은 욕망을 감정 프레임으로 왜곡했다. 카다시안은 욕망을 무제한적으로 과시했다. 테일러는 욕망을 강함으로 승화했다. 그리고 장동혁은 지금, 이대남·이대녀 모두에게 통할 수 있는 한국형 하이퍼 젠더 리더십을 보여줘야 하는 자리 앞에 서 있다.

민주당은 카다시안처럼 싸움을 건다. 프레임으로, 감정으로, 조롱과 희화화로. 이제 국민의힘은 스위프트처럼 반격해야 한다. "나는 착하다"는 피해자 연기가 아니라, "나는 강하다. 나는 책임진다. 나는 내 욕망을 숨기지 않는다"는 서사로. 그리고 보수는, 원조 페미 언니들의 자기 개척, 이대녀의 능력주의, 이대남의 전투력 욕망을 하나의 프레임으로 묶어내야 한다.

당신은 피해자가 아니라, 능력과 서사로 세계를 바꿀 주체라는 메시지. 나는 나의 욕망을 인정하고 그 욕망의 책임을 지겠다는 선언.

이것이 2025년 한국의 여성들, 그리고 청년 세대 전체가 이미 몸으로 감지하고 있는 시대정신이다. 보수가 이 흐름을 읽지 못한다면, 2020년대 정치의 주도권은 다시는 돌아오지 않을 것이다. 반대로 이 흐름을 가장 먼저 언어화하고 제도화하고 리더십으로 구현해 내는 쪽이 다음 시대의 정치적 승자가 될 것이다.

ABCDEFGH# Chapter 07 디지털 의병단과 팬덤 우파

문재인 정권 학습 효과, 그리고 '디지털 의병단'

박근혜 정권 탄핵과 그후 촛불 집회의 결과로 문재인 정권이 들어섰고 이는 5년간의 실정과 친북(親北) 노선으로 이어졌다. 이러한 경험은 대중에게 일종의 면역(免疫) 효과를 남겼다. 과거에는 선동적인 가짜 뉴스를 비교적 쉽게 받아들였다면 이제는 같은 유형의 정보가 등장하더라도 이전만큼 휘둘리지 않고 있다.

12·3 비상계엄과 탄핵 사태 이후 윤석열 대통령 지지율이 상승하는 기현상이 나타났던 것은 이 같은 '문재인 정권 학습 효과'와 무관하지 않다. 이른바 '최순실 태블릿PC' 보도 이후 지지율 급락과 탄핵, 구속이 일사천리로 이어졌던 박근혜 전 대통령 때와는 사뭇 다른 양상이다. 당시에는 기성 언론의 프

레임이 여론 전체를 압도했지만, 이제는 뉴미디어와 디지털 커뮤니티가 이를 견제하고 있다.

계엄·탄핵 정국에서 2030세대가 보여 준 정치 행동에는 분명한 변화의 흐름이 있다.

이전에는 탄핵과 정권교체를 "정권 심판"이라는 추상적 구호 속에서 받아들였다면 이제는 탄핵에 내재된 '친미-반중'과 '반미-친중'이라는 지정학적 대립 구도까지 함께 인식하며 그 결과를 장기적인 국가 진로의 문제로 바라보고 있다. 이 과정에서 부상한 것이 바로 '디지털 의병단'이다.

2030 우파의 부상에는 계엄·탄핵 정국을 계기로 좌파에서 우파로 전향한 이들과 자유경제 우파들의 대거 참여로 형성된 디지털 의병단이 중요한 역할을 했다. 평소 정치와 거리를 두던 재테크, 주식, 부동산, 종교, 이슈 채널 운영자, 변호사 등 다양한 분야의 인플루언서들이 탄핵 반대 진영을 중심으로 모여 뉴미디어 정치의 핵심 세력으로 자리 잡았다는 점이 주목할 만하다.

이들은 특정 정당의 조직원도, 전통적 보수단체의 회원도 아니다. 각자 유튜브 채널과 커뮤니티, 텔레그램과 디스코드, 서브컬처 기반의 SNS 네트워크를 가진 채, 느슨하게 연결된 자발적 연대체에 가깝다. 그럼에도 계엄·탄핵을 둘러싼 정국에서 이들의 영향력은 기존 '조직 동원형' 보수 세력보다 훨씬 강력하게 나타났다.

'고난 서사'를 공유하는 세대

디지털 의병단의 상징적인 인물 가운데 하나가 일타 한국사 강사 전한길이다.

그는 2030세대의 역사 강의 시장을 사실상 장악하고 있는 스타 강사다. 계엄·탄핵 정국에서 공개적으로 탄핵 반대 입장을 밝힌 영상을 올렸고 이 영상은 조회수 수백만 회를 기록하며 엄청난 파급력을 발휘했다. 그는 영상에서 2030세대와 함께하겠다는 입장을 강조하며 자신이 속한 기성 세대를 넘어 '2030이 주도하는 새로운 정치 담론'에 적극 참여하고자 하는 의지를 드러냈다.

전한길의 행보는 단순한 정치적 선언을 넘어, 2030세대에게 상징적인 의미를 가졌다.

학생 시절부터 그의 강의를 들으며 수능과 공무원 시험을 준비했던 청년들은 '자신들의 선생님'이 공개적으로 정치적 입장을 밝히는 모습을 보며 "우리 편에 서 줄 어른이 생겼다"는 심리적 지지와 고난 서사를 공유하는 감정을 경험했다.

디지털 의병단은 이런 '고난 서사'를 적극적으로 활용한다.

탄핵 반대 집회에서 이들은 자신들을 "탄압받는 소수"가 아니라, "정권과 기성 미디어·사법부에 의해 억울하게 몰린 다수 시민의 목소리를 대신 내는 사람들"로 상상한다. 이들의 콘텐츠에는 공통적으로 "우리는 언론과 검찰·법원, 좌파 정치인들의 공격 속에서도 진실을 지키는 사람들"이라는 자기 인식이 깔려 있다.

이 고난 서사가 디지털 미디어와 결합하면서 정치 참여는 일상적인 '콘텐츠 생산'의 일부가 된다. 라이브 방송과 숏폼 영상, 밈과 패러디, 해설 방송과 데이터 분석 콘텐츠를 통해 이들은 정치 현실을 해석하고 다시 퍼뜨린다. 단순한 시위 참가자가 아니라, 스스로를 '프레이밍을 되돌리는 생산자'로 자리 짓는 셈이다.

밈이 된 개념 연예인, 'CIA 신고 놀이'의 정치학

디지털 의병단과 팬덤 우파를 가장 극적으로 보여주는 사건이 'CIA 대첩'이다. 탄핵 정국에서 일부 연예인들이 윤석열 탄핵 집회를 공개적으로 지지하거나 물품을 지원하자, 이들은 과거처럼 '개념 연예인'으로 추앙받을 것으로 기대했다. 어느 유명가수는 탄핵 집회 참가자들을 위해 먹거리를 대거 선결제하며 주목을 받았지만 강력한 정치적 상징성을 얻지는 못했다. 이때 청년 우파는 디지털 놀이문화로 반격했다.

이 사건은 몇 가지 점에서 의미가 있다. 첫째, 과거 '개념 연예인'이 여론을 이끌던 시대가 저물고 이제는 대중이 연예인을 가지고 노는 시대가 되었다는 점이다. 청년들은 더 이상 연예인의 정치적 발언을 진지한 도덕적 기준으로 받아들이기보다, 디지털 놀이문화의 소재로 삼는다.

둘째, 이 놀이가 '정치적 효능감'으로 이어진다는 점이다. CIA 대첩은 청년 세대가 자신들의 독특한 방식으로 정치 사건에 개입하고 있음을 보여준다. 이들은 국회 앞 피켓 시위 대신, 유튜브·틱톡·트위터에서 밈과 풍자를 통해 상대 진영과 싸운다. 표현 방식은 가볍지만, 그 속에 담긴 정서는 매우 진지하다.

셋째, 이는 "팩트보다 인기몰이에 편승한 일부 연예인의 치기 어린 행동에 대한 일종의 단죄"라는 해석을 낳았다. 탄핵이라는 중대한 국면에서 기성 언론과 연예인이 보여준 태도를 더 이상 무비판적으로 받아들이지 않겠다는 선언이기도 했다.

AI 콘텐츠, 뮤직비디오, 그리고 정치의 감각화

디지털 의병단의 활동 방식은 전통적인 정치운동과 다르다. 이들은 정책 보고서나 장문의 논평 대신, 숏폼 영상과 음악, 유머와 드립을 통해 메시지를 전달한다. '드럼통타이거', '오른손' 등 우파 성향의 젊은 뮤지션들은 AI를 활용한 뮤직비디오와 정치적 메시지를 담은 콘텐츠를 제작해 온라인에서 큰 반향을 일으키고 있다. 이는 정치적 메시지가 더욱 창의적이고 감각적인 방식으로 전달될 수 있도록 하며 젊은 세대의 관심과 참여를 이끌어내는 데 큰 기여를 하고 있다.

AI를 활용한 패러디 영상, 가상 캐릭터가 등장하는 뮤직비디오, 유명 연설과 뉴스 클립을 조합한 리믹스 콘텐츠는 기존 선거홍보 영상과는 전혀 다른 감각을 보여준다. 과거의 정치 홍보물이 메시지를 직접 설명하는 데 집중했다면 이제의 콘텐츠는 감정과 분위기를 먼저 만들어 놓고 그 안에 메시지를 녹여 넣는다. 이런 방식은 2030세대의 정보 소비 습관과 정확히 맞아떨어진다.

이 세대는 긴 논문이나 기획기사를 통해 입장을 정하기보다, 짧고 인상적인 영상과 밈을 반복적으로 보면서 "누가 우리 편인지, 누가 괴로운지"를 감각적으로 판단한다. 디지털 의병단이 생산하는 AI 기반 콘텐츠는 바로 이 '감각의 정치'를 선점하는 도구다.

미디어 통제 시도와 '주적 의식'의 형성

이런 흐름에 기름을 부은 것이 더불어민주당과 친여 권력의 미디어 통제 시도였다.

유튜버 탄압, 카카오톡 검열, 서부지법 사건 등은 2030세대에게 정부와 거대 정당이 자신의 표현의 자유와 사적 소통 공간을 위협하고 있다는 인상을 심어주었다. 더불어민주당의 미디어 통제 시도는 2030세대 내에서 '주적 의식'을 더욱 강화시키는 결과를 가져왔다.

정부의 전체주의적 행태에 대한 반감이 커지면서 2030세대는 '고난 서사'와 '투사적 캐릭터'를 부여받으며 강한 정치적 결집력을 형성하고 있다. 자신들이 단지 정치적 취향을 가진 유권자가 아니라, "표현의 자유를 지키는 마지막 보루"라는 인식을 공유하게 된 것이다. 이는 기존의 수동적 정치 참여에서 벗어나 조직적인 반좌파·반더불어민주당 움직임을 확산시키는 계기가 되었다.

이러한 변화는 단순한 일시적 해프닝이 아니라, 호남·청년·여성이라는 한국 정치의 핵심 축에서 정당-이념 정렬 구조가 뒤틀리기 시작했다는 신호로 읽을 수 있다. 그동안 진보 정당의 '확실한 지지층'으로 간주되던 집단 내부에서조차, 탄핵 국면을 계기로 공정·안보·시장 친화성 등을 중시하는 새로운 우파 코드가 등장하고 있는 것이다. 특히 전교조 출신 교사와 호남 출신 20대 직장 여성이라는 상징적 캐릭터가 보수 서사의 전면에 등장했다는 사실은 기존 진영 구도가 더 이상 유권자의 실제 정체성과 이해관계를 온전히 설명해 주지 못한다는 점을 보여 준다. 이는 지역과 성별을 초월한 새로운 정치적 흐름으로, 기존 정치 지형의 균열과 2030세대의 정치적 독립성을 보여준다. 디지털 의병단이 단지 서울 강남·서초, 20대 남성, 특정 계층에만 국한된 현상이 아니라는 뜻이다.

디지털 의병단과 팬덤 우파의 의미

디지털 의병단과 팬덤 우파는 전통적 보수 정치와 여러 면에서 다르다.

첫째, 이들은 정당과 느슨하게 연결된 자발적 네트워크다.

당비를 내고 지구당 당원으로 등록하는 대신, 각자의 채널과 커뮤니티에서 콘텐츠를 만들고 공유한다. 그럼에도 불구하고 특정 이슈가 터질 때는 정당 이상으로 빠르게 결집한다.

둘째, 운동의 형식보다 콘텐츠의 형식을 취한다.

정치적 의견을 '성명서'로 발표하기보다 음악과 영상, 밈과 놀이를 통해 풀어낸다. 이것이 가볍게 보일 수 있지만, 실제로는 정보 소비 구조가 바뀐 시대에 가장 효율적인 정치 커뮤니케이션 방식이다.

셋째, 이들은 "탄압받는 소수"가 아니라 "무시당해 온 다수"라는 자기 인식을 가지고 있다.

PC와 정체성 정치에 대한 피로, 기성 언론과 사법부·정치권에 대한 불신이 결합하면서 자신들을 "마지막 상식의 수호자"로 상상한다. 이 강한 자기 정당성은 앞으로의 한국 정치에서 무시할 수 없는 에너지다.

물론 위험 요소도 있다. 디지털 의병단의 힘이 특정 인물과 진영에 대한 맹목적 팬덤으로 흘러갈 경우, 비판적 토론보다는 진영 간 악플 전쟁과 마녀사냥으로 흐를 가능성도 크다. 여론의 흐름이 투명한 근거보다 밈과 감정에 의해 좌우될 수 있다는 점도 경계해야 한다.

그럼에도 한 가지는 분명하다. 디지털 의병단과 팬덤 우파를 이해하지 못하면 앞으로의 한국 정치를 이해하기 어렵다는 사실이다.

이들은 2030세대의 정치적 각성을 실질적인 행동으로 옮기는 매개체다. 다음 장에서 살펴볼 군대와 젠더 갈등, 그리고 8장에서 다루게 될 반중 정서와 코리아 퍼스트 감수성은, 모두

이 디지털 네트워크와 결합하면서 정치적 파급력을 얻고 있다.

디지털 의병단은 아직 완성된 정치 세력이 아니다. 그러나 이들이 보여주는 새로운 정치 문화와 참여 방식은, 한국 보수가 자신을 다시 설계하려 할 때 반드시 고려해야 할 변수이자, 어쩌면 가장 중요한 동맹 후보가 될지도 모른다.

Chapter 08 2030 남성, 군대와 여성징병제

싱가포르 청년이 말한 "흥미로운 군대", 한국 청년이 기억하는 "허비된 시간"

필자는 2014년부터 4년간 싱가포르 경영대 교수로 일한 적이 있다. 지난 해 여름 휴가로 싱가포르를 찾아 나의 첫 제자 루크를 만났다. 이런저런 이야기를 나누다 자연스럽게 군대 이야기가 나왔다. 군 복무 경험이 어땠느냐고 묻자, 그는 잠시 생각하더니 "흥미로웠다(exciting)"고 답했다. 아주 짧고 평범한 표현이지만 한국인에게는 쉽게 나오지 않는 대답이다.

루크는 싱가포르의 의무 복무 제도를 설명하면서 군이 "시간 낭비"가 아니라 "사회로 나가기 전 마지막 통과의례"라고 했다. 다양한 배경을 가진 청년들이 함께 생활하고 훈련을 받으며 사회적 유대감을 형성하고 국가에 대한 애국심과 공동체 의식을 체득할 수 있다는 것이다. 군대에서 배운 리더십과 팀워크 능력이 이후 직장 생활에도 실제 도움이 된다고 했다.

싱가포르 역시 우리와 같은 의무복무제 국가이고 복무 기간도 18~24개월로 한국과 비슷하지만, 청년들이 군대를 기억하는 정서는 크게 다르다. 싱가포르 청년에게 군은 "가고 싶어서 간 곳"이라기보다는 "다녀온 것을 자랑할 수 있는 경험"이다. 반면 한국에서 군은 여전히 "인생에서 잘려 나간 18개월", "억지로 끌려가는 곳"이라는 이미지가 강하다.

물론 이 차이가 단지 급여 수준이나 복지 차이에서 비롯된 것만은 아니다.

한국 청년들이 군을 떠올릴 때 함께 떠오르는 단어는 정치 갈등, 계급 갈등, 젠더 갈등, 각종 사건 사고와 병영 인권 문제들이다. 그동안 군대와 관련된 여러 비극적인 사건과 정치적 논쟁이 반복되면서 군에 대한 부정적 인식이 깊게 뿌리내렸다. 군 복무 경험 자체보다 그 경험을 둘러싼 사회적 서사와 정치적 프레임이 2030의 기억을 규정해 온 셈이다.

2030 남성에게 군대는 어떤 의미인가. 왜 이들의 정치적 감수성 한가운데에는 군 복무 경험이 놓여 있는가. 그리고 그것이 젠더 갈등과 어떻게 연결되고 있는가.

공정과 역차별 감수성, 군 복무에서 폭발하다

앞선 장에서 보았듯 2030세대는 결과적 평등보다 공정한 기회 창출을 중시하며 정당한 경쟁을 통한 성취를 추구하는 성향이 뚜렷하다. 포퓰리즘적 현금 살포보다는, 성과와 노력에 따른 차등 보상을 더 선호한다. 이런 실용주의적 태도는 기성 세대에서는 볼 수 없던 '세대 내 젠더 갈등'을 심화시키는 요인이 되기도 한다. 전통적 성역할이 무너지는 가운데, 가부장적 제도를 보정하기 위한 각종 페미니즘 정책이 유지되면서 불공정과 역차별 논란이 계속되고 있기 때문이다. 이러한 현실과 법제도의 괴리가 성별에 따른 상이한 이익을 가져오면서 2030세대 내부에서도 첨예한 정치적 대립이 벌어지고 있는 것이다.

이 갈등이 가장 집약적으로 드러나는 공간이 바로 군대다. 오랫동안 한국 사회에서 군 복무는 '남자라면 당연히 해야 하는 일'로 여겨졌다. "군대 갔다 와야 사람이 된다", "군대 한 번은 다녀와야 진짜 남자다"와 같은 표현은 군 복무를 일종의 남성 통과의례로 규정해 왔다. 그러나 여성의 사회 진출과 교육 수준이 높아지고 남녀 모두가 다양한 직업과 생애 경로를 선택하는 시대가 되면서 '군대는 남성의 일'이라는 전통적 성역할 개념은 점점 약화되고 있다.

그럼에도 징병제는 여전히 남성에게만 적용된다. 2030 남성들은 이 구조를 "역사적 유산"이 아니라 "현재진행형 불평등"으로 받아들인다. 군 복무 기간 동안 학업과 경력을 중단해야 하고 위험과 고된 노동을 감수해야 함에도 불구하고 이에 대한 보상이 충분하지 않다고 느낀다. 특히 공채·승진·임금 구조에서 군 복무가 명확한 가산점이나 혜택으로 연결되지 않는 현실은 이들의 불만을 키우고 있다.

이러한 불만은 여론조사 수치에서도 분명하게 드러난다. 군 가산점 부활에 대해 20대 남성의 56.7%, 30대 남성의 51.6%가 찬성한 반면 같은 연령대 여성의 찬성률은 한 자릿수에 머물렀다. 군 가산점 제도가 실제로 복무자의 삶에 얼마나 큰 영향을 미치는지와 별개로, 남성들은 군 복무에 대한 공정한 보상을 요구하는 상징적 제도라고 바라본다. 군 가산점 위헌 판결은 이들에게 실력주의·성과주의 원칙에 어긋나는 결정으로 인식된다.

여성 징병제에 대한 여론은 더욱 첨예하다. 20대 남성의 상당수가 여성 징병제 도입에 찬성하는 반면 20대 여성의 찬성률은 극히 낮다. 이는 젠더 갈등의 심화뿐 아니라, "동일한 권리에는 동일한 의무가 따라야 한다"는 2030 남성들의 공정 감수성이 얼마나 강한지 보여주는 지표다. 이들에게 여성 징병제는 단순히 병력 확대나 안보 문제의 해법이 아니라, '책임을 함께 나누자'는 상징적 요구다. 요약하자면 군 복무는 2030 남성에게 "국가를 위해 개인이 감수한 희생이 제대로 보상받지 못한 경험"이며 동시에 "성별에 따라 의무와 권리가 다르게 설정된 구조에 대한 문제 제기"의 출발점이다.

여성가족부, 여성 할당제, 그리고 젠더 정치의 균열

군 복무 문제와 더불어, 여성가족부와 여성 할당제에 대한 인식 역시 2030 남성의 정치적 감수성을 규정하는 핵심 요소다.

여성 할당제, 여가부 폐지는 역차별 논란과 맞물려 기존 페미니즘 정책에 대한 사회적 회의감을 증폭시키며 2030세대 내부의 성별 간 시각 차이를 더욱 두드러지게 만들었다. 같은 여론 조사에서 20대 남성의 66.7%, 30대 남성의 64.8%가 여성가족부 폐지를 찬성한 반면 20대 여성과 30대 여성의 찬성 비율은 크게 낮았다. 남성들은 여성가족부를 특정 성별을 위한 부처, 그리고 기회의 불평등을 초래하고 강압적인 PC주의를 강요하는 기구로 인식하는 반면 여성들은 성평등 정책의 필요성을 이유로 존치를 지지하는 경향이 강하다.

또한 2030 남성의 48.1%는 여성 할당제를 기회의 불공정으로 인식하며 폐지를 강하게 주장하는 반면 2030 여성들은 일정 부분 여성 할당제의 필요성을 인정하는 태도를 보인다. 이처럼 여성가족부와 여성 할당제를 둘러싼 논쟁은 2030세대 내부에서도 주요한 분열 요인으로 작용하며 정치적 태도의 양극화를 심화시키고 있음을 시사한다.

군 복무와 여성가족부, 여성 할당제에 대한 인식은 서로 떨어져 있는 문제가 아니다. 2030 남성의 시각에서 이 모든 것은 "성별에 따라 의무와 권리는 다르지만, 결과적으로 혜택은 여성에게 더 돌아가는 구조"로 이어진다. 이 구조는 군 복무에 대한 불만과 결합해 강력한 상대적 박탈감, 즉 "우리는 국가에 헌신했지만, 그 대가로 돌아오는 것은 없다"는 감정으로 나타난다.

반대로 2030 여성의 입장에서는 상황이 다르게 보인다. 여성들은 여전히 노동시장과 정치, 고위 공직과 기업 임원 등의 영역에서 구조적 차별이 존재한다고 느낀다. 이들에게 여성가족부와 여성 할당제는 불편하지만 필요한 '보정 장치'다. 그러니 남성의 역차별 인식과 여성의 구조적 차별 인식이 정면으로 충돌할 수밖에 없는 것이다.

바로 이 지점에서 군대와 젠더 갈등은 하나의 정치 전선으로 겹쳐진다. 군 복무를 둘러싼 공정성 논란, 여성가족부와 여성 할당제에 대한 상이한 인식은 2030세대 내부에서 좌우 이념보다 더 중요한 분열 축을 형성하고 있다.

2030세대의 정치적 태도 – 국가보다 개인, 이념보다 실리

2030세대는 단일한 가치와 지향성을 공유하는 집단으로 정의하기 어렵다. 디지털 커뮤니티를 통해 특정 서브컬처에 몰두하면서도, 개인적 이익에 따라 정치적 입장을 조정하는 유동성을 보인다. 기회의 평등과 노력·실력에 따른 보상을 중시하며 단순한 성평등보다 성과 기반의 차등적 보상을 더 중요하게 여긴다.

기존의 세대 정치나 이념적 정렬과는 달리, 2030세대는 자신이 속한 디지털 커뮤니티와 개인적 이해관계에 따라 정치적 태도를 형성하는 경향이 강하다. 국가안보, PC주의 같은 거대 담론보다는 개인적 이득을 우선하며 필요에 따라 정치적 태도를 조정하는 실용적 사고방식을 보여 준다. 성과주의를 강조하면서도 군 가산점·여성 징병제 등 특정 정책에 대한 태도는 자신의 성별·경험·직업과 같은 현실 조건에 따라 유동적으로 변화한다.

이러한 특성은 군대와 젠더 갈등에도 고스란히 반영된다. 자신이 직접 군 복무를 경험한 2030 남성에게 군대는 "국가와 사회를 위한 의무"인 동시에 "나의 시간과 기회를 빼앗아 간 제도"다. 반면 군 복무를 경험하지 않은 여성과 일부 남성에게 군대는 여전히 "사회적 약자"인 남성 계층이 사회적 점유를 떠맡는 '당연한 과정'으로 인식되기도 한다. 이 간극이 좁혀지지 않는 한, 군대와 젠더를 둘러싼 갈등은 쉽게 사라지지 않을 것이다.

'가고 싶은 군대'를 향한 조건

지금 한국에서 군대는 대체로 "억지로 가는 곳"이다. 입대 통지서를 받은 20대 남성에게 군대는, 여전히 자신의 인생에서 잘려 나가는 18~21개월이다. 싱가포르 청년이 군 복무를 "흥미로운 경험"이라고 기억하는 것과는 전혀 다른 풍경이다.

군대를 둘러싼 젠더 갈등과 역차별 논란은 "군대에 대한 부정적 이미지"를 더욱 강화하고 있다. 정치적 양극화와 문화전쟁 속에서 군은 때로 "권위주의와 가부장제의 상징"으로 악마화되고 때로는 "국가 정체성의 마지막 보루"로 과도하게 이상화된다. 어느 쪽도 2030 남성에게 군대를 "가고 싶은 조직"으로 느끼게 하지는 못한다.

그렇다면 무엇이 필요할까.

첫째, 군 복무에 대한 보상 구조를 보다 투명하고 공정하게 설계해야 한다.

단순히 급여를 올리는 수준을 넘어, 학점·자격증·취업·창업 등과 실질적으로 연계되는 제도가 필요하다. 군 복무가 경력의 단절이 아니라, 오히려 어떤 분야에서는 경쟁력을 높여주는 경험이 될 수 있다는 확신을 주어야 한다.

둘째, 군 경험을 '성장 서사'로 재구성해야 한다.

단순한 고생담이나 희생 서사가 아니라, 책임을 맡고 집단 속에서 협력하며 문제를 해결해 본 경험으로 군 생활을 풀어낼 필요가 있다. 이는 14장에서 다룰 "군대를 브랜드로 만드는 전략"과도 연결되는 지점이다.

셋째, 젠더 갈등을 완화하기 위한 제도적·문화적 상상력이 필요하다.

여성 징병제든, 성역할에 따른 차등 복무제든, 기존 징병제의 구조를 전제한 채 서로를 비난하는 단계에서 벗어나야 한다. 여성들이 군대와 안보를 '남자의 일'이 아니라 '시민의 책임'으로 받아들일 수 있도록, 복무 방식과 영역을 다양화하는 논의도 필요하다.

2030 남성, 군대, 젠더 갈등은 단지 하나의 정책 이슈가 아니라, 한국 사회가 어떤 공정과 어떤 책임, 어떤 공동체를 선택할 것인지에 대한 질문이다. 이 질문에 대한 답을 찾지 못하면 싱가포르 청년이 말한 "흥미로운 군대"는 영원히 남의 나라 이야기로 남을 것이다.

그러나 반대로, 이 갈등을 정면으로 바라보고 공정과 책임, 성장과 자부심의 관점에서 재구성할 수 있다면 군대는 더 이상 2030 남성을 억압하는 제도가 아니라, 이 세대와 함께 국가의 미래를 준비하는 공간이 될 수 있다.

이 장에서 살펴본 군대와 젠더 갈등의 구조는, 8장에서 다룰 '반중 정서와 코리아 퍼스트' 감수성과도 깊이 연결된다. 공정과 역차별 감수성, 국가 정체성과 실용주의라는 키워드는 2030 세대의 안보·외교 인식을 이해하는 데에도 그대로 이어진다.

Chapter 09 2030의 대외 감수성

2030세대, 우파 성향이 강화될 가능성이 높은 이유

앞 장에서 살펴보았듯 2030세대는 이념보다 실리, 국가보다 개인, 기존 관습보다 서브컬처를 기반으로 이해관계를 조정하며 자신에게 최적화된 선택을 하는 세대다. 국가안보, PC주의 같은 거대 담론보다는 개인적 이득을 우선하며 필요에 따라 정치적 태도를 조정하는 실용적 사고방식을 보인다. 성과주의를 강조하면서도 군 가산점·여성 징병제 등 특정 정책에 대한 태도는 개인적 이익에 따라 유동적으로 변화한다. 이는 2030세대가 기존의 보수·진보 프레임으로 설명하기 어려운 이유이기도 하다.

그러나 외교·안보 영역으로 시선을 돌리면 이 세대가 공유하는 뚜렷한 정서가 하나 보인다. 최근 2030세대의 안보 감성을 한마디로 규정하자면 "반공보다 멸공, 반북보다 반중"으로 설명할 수 있다. 이는 2030세대를 중심으로 한 강한 자국 우선주의와 안보 의식이 반영된 결과이며 경제적 양극화와 경쟁 압력 속에 자국민 보호 정책이 요구되는 '코리아 퍼스트' 아젠다가 대중화되고 있음을 보여준다.

4050 세대가 중국과의 경제 협력을 통해 성장기를 경험한 반면 2030세대는 대학가와 노동시장에서 중국인들과 직접 경쟁하며 반중 정서를 더욱 강하게 형성하고 있다. 특히 코로나 19 이후 중국에 대한 부정적 인식이 전 세계적으로 급격히 증가했으며 2022년 한국인의 81%가 중국을 부정적으로 평가해 조사 대상 56개국 중 가장 높은 수치를 기록했다. 이는 미국 퓨리서치센터(Pew Research Center)가 실시한 조사 결과로, 한국의 반중 정서가 세계적으로도 가장 강한 수준임을 시사한다.

이제 반공은 더 이상 이념 교육의 산물이 아니라, 중국 공산당과 북한 정권이 실제로 보여 준 행태에 대한 체감적 반감으로 재구성되고 있다. 반북보다 반중이 더 강하다는 말은, 군사적 위협으로서의 북한보다 경제·외교·정보 영역에서 한국의 이익을 침해하는 중국에 대한 경계심이 더 크다는 뜻이다.

'친미-반중' 대 '반미-친중' 전선의 등장

박근혜 탄핵 당시에는 좌우 진영 간의 단순한 대결 구도가 중심이었다. 그러나 윤석열 대통령 탄핵 정국에서는 또 하나의 축이 떠올랐다. 바로 '친미-반중' 대 '반미-친중' 전선이다.

윤석열 탄핵 사태 때는 '친미-반중'과 '반미-친중'이라는 지정학적 대립 구도를 형성했다. 이 같은 새로운 전선이 형성된 결정적 계기는 1차 탄핵안 문구였다. "가치 외교라는 미명하에 지정학적 균형을 도외시하고 북한·중국·러시아를 적대하며 일본 중심의 외교 정책을 고집했다"는 문구가 2차 탄핵안에서는 삭제됐지만 이는 민주당과 좌파 진영이 윤석열 정부를 '친미-반중' 정권으로 규정하고 있음을 보여준다. 뒤집어 말하면 탄핵 찬성 진영이 스스로를 '친중-반미'임을 자인하는 듯한 자충수가 된 것이다.

기존 내란 프레임이 보수의 집결과 중도의 이반을 가져온 것처럼, '친미-반중' 대 '반미-친중' 전선 또한 2030세대의 대외 감수성을 자극했다. 미국과의 동맹을 중시하며 중국에 대해서는 강경한 태도를 요구하는 흐름 속에서 2030세대는 "어느 편에 서야 한국의 이익을 지킬 수 있는가"라는 질문을 스스로에게 던지고 있다.

이들에게 미국은 완벽한 우방이라기보다, 중국·러시아·북한과 대비되는 "차악의 동맹"에 가깝다. 중국 공산당의 인권 탄압과 정보 통제, 북한의 핵·미사일 도발과 오물 풍선, 러시아의 우크라이나 침공을 지켜보면서 자유 진영과 권위주의 진영 사이의 경계는 더욱 분명해졌다. 그 속에서 한국이 어느 편에 서야 하는지에 대해, 2030세대는 비교적 분명한 답을 갖고 있다.

반중 정서의 구조 – 경쟁, 불신, 그리고 '국뽕'

2030세대의 반중 정서는 단순한 혐오나 감정적 반감만으로 설명되지는 않는다. 그 바닥에는 구체적인 경험과 구조가 있다.

앞서 언급했듯 4050 세대는 중국과의 경제 협력을 통해 성장기를 경험했다. 값싼 노동력과 거대한 내수 시장, 저렴한 제조 비용이 한국 수출기업에게는 기회였다. 그러나 2030세대가 접하는 중국은 다르다. 이들은 대학가와 노동시장에서 중국 유학생·취업준비생과 직접 경쟁한다. 중국 자본이 한국 부동산과 스타트업, 콘텐츠 산업에 깊숙이 들어와 있다는 소식도 접한다. 경쟁자로서 혹은 잠재적 위협으로서 중국을 경험하는 비율이 훨씬 높은 세대다.

코로나19 팬데믹 이후 중국에 대한 글로벌 인식이 급격히 악화된 것도 영향을 미쳤다. 중국발(發) 코로나 확산과 마스크·방역물자 외교, 초기 정보 통제에 대한 국제적 비판 속에서 중국은 "세계 불안을 야기한 국가"로 각인되었다. 한국인의 81%가 중국을 부정적으로 평가해 조사 대상 56개국 중 가장 높은 수치를 기록했다는 퓨리서치센터의 조사 결과는, 이 반감이 결코 소수의 감정이 아님을 보여준다.

한편, K-팝과 K-드라마, K-게임으로 상징되는 K-컬처의 세계적 부상과 대한민국의 국제적 위상 상승은 젊은 층 사이에서 이른바 '국뽕' 트렌드를 확산시켰다. 넷플릭스에서 한국 콘텐츠가 세계 1위를 차지하고 방탄소년단과 블랙핑크, 손흥민과 김연아 같은 인물이 세계적 스타가 되는 과정을 지켜보면서 2030세대는 "우리나라가 더 이상 작은 나라가 아니다"라는 자부심을 체화했다.

이 국뽕과 반중 정서가 만날 때, 특유의 대외 감수성이 형성된다. 북한은 이제 전쟁을 일으킬지도 모르는 공포의 대상이라기보다, 반복적으로 미사일을 발사하고 오물 풍선을 보내는 '귀찮은 존재', 경제적·외교적으로 실익이 없는 낙후된 체제로 인식된다. 반면 중국은 한국의 경제·안보·정보 환경에 직접적인 영향을 미치는 "실질적 경쟁자이자 위협"으로 자리 잡는다.

2030세대의 안보 감성을 "반공보다 멸공, 반북보다 반중"이라고 규정할 수 있는 이유가 여기에 있다.

외국인 선거권과 댓글 국적 표기 – 코리아 퍼스트의 구체적 얼굴

2030세대의 코리아 퍼스트 감수성은 여론조사 수치에서도 확인된다. 2030세대는 외국인 선거권과 포털사이트 여론 조작 문제에도 민감하게 반응하고 있다. 여론 조사에 따르면 중국인 투표권 제한에 51.4%, 포털사이트 댓글 국적 표기에 38.5%가 찬성했으며 이는 4050 세대보다 각각 4.1%포인트, 10.0%포인트 더 높은 수치다. 특히 댓글 국적 표기 정책에서는 2030과 4050 세대 간 차이가 더 두드러져, 젊은 층이 외국인 개입 문제를 더욱 심각하게 인식하고 있음을 시사한다.

이러한 흐름 속에서 2030세대는 자국 우선주의와 강한 안보의식을 바탕으로 '코리아 퍼스트' 기조를 확산시키며 외교·안보 이슈에서 더욱 보수적인 입장을 강화할 가능성이 높다.

중국인 지방선거 투표권과 포털 댓글 국적 표기 논쟁은 이 세대의 대외 감수성이 얼마나 현실적이고 구체적인 문제의식에서 비롯되는지 보여준다. 이들에게 '외국인 선거권 제한'은 추상적 국수주의의 표현이 아니라, 선거와 여론 형성에 외국 세력이 개입하는 것을 막기 위한 최소한의 안전장치다.

"내 나라 선거와 여론은 우리 손으로 결정하자"는 요구는, 동시에 "우리 세대의 일자리와 안전, 경제와 안보를 스스로 지키겠다"는 선언이기도 하다. 여기에 미·중 패권 경쟁과 정보전, 사이버 여론 조작에 대한 뉴스가 더해지면서 2030세대의 코리아 퍼스트 감수성은 점점 더 단단해지고 있다.

북한을 바라보는 새로운 시선

북한을 바라보는 2030세대의 인식은 과거와 크게 달라지고 있다. 문재인 정권 당시의 시혜적 대북 정책은 남북연락사무소 폭파와 지속적인 미사일 도발로 인해 '신뢰 파탄'에 이르렀다. 전쟁을 경험한 노년층과 반공 교육을 받은 기성세대에게 북한은 '군사적 공포'의 대상이었지만, 2030세대에게는 불신과 조롱의 대상으로 변화하며 그 의미가 달라졌다.

K-컬처의 세계적 부상과 대한민국의 국제적 위상 상승이 맞물리면서 젊은 층 사이에서는 국뽕 트렌드가 확산되었다. 이러한 흐름 속에서 북한은 남한과 비교해 낙후된 체제로 인식되며 단순한 공포의 대상이 아니라 반복적으로 미사일을 발사하

고 오물 풍선을 보내는 '귀찮은 존재'이자, 경제적·외교적으로 실익이 없는 국가로 간주되고 있다. 즉, 북한은 시대에 뒤처진 체제라는 인식이 더욱 강해지고 있다.

이 인식 변화는 한반도 문제에 대한 2030세대의 현실주의를 보여준다.

그들에게 북한은 더 이상 '민족의 동포'도, '두려운 적'도 아니다. 오히려 국제사회에서 한국의 위상을 끌어내리고 통일 비용과 안보 리스크를 떠올리게 만드는 짐에 가깝다. 이 때문에 이들은 북한과의 관계에서 이념이나 민족주의보다 실용과 비용·편익을 먼저 떠올린다.

그렇다고 해서 북한 문제에 무관심한 것은 아니다.

오히려 **"북한 때문에 우리가 손해 보는 일은 없어야 한다"**는 냉정한 코리아 퍼스트 시각을 드러낸다. 남북 관계 개선과 지원 정책도 "결국 한국의 안보와 경제에 어떤 도움이 되는가"라는 기준으로 평가하는 경향이 강하다.

코리아 퍼스트, 극단적 민족주의와 무엇이 다른가

이쯤에서 한 가지 질문이 떠오른다. 2030세대의 코리아 퍼스트는 단지 다른 이름의 극단적 민족주의인가.

앞서 살펴본 사례들을 종합해 보면 이들의 코리아 퍼스트는 전통적 의미의 배타적 민족주의와는 여러 면에서 다르다.

첫째, 이들의 우선순위는 "국가의 위대함"보다 "우리 세대의 생존과 공정"이다.

외교·안보 이슈를 논할 때도, 이들은 "이 선택이 우리 삶에 어떤 영향을 주는가"를 먼저 따진다. 미·중 갈등에서 미국 편을 드는 이유도, 미국이 절대선이라서가 아니라 "중국 편에 서는 것이 훨씬 더 큰 위험과 비용을 동반한다"고 판단하기 때문이다.

둘째, 이들의 반중 정서는 중국인 개인에 대한 혐오라기보다 중국 공산당 체제와 중국 정부의 행태에 대한 불신과 반감에 가깝다. 대학과 직장에서 함께 생활하는 중국 친구들을 통해 개인적 교류를 하면서도, 동시에 중국 정부의 막무가내식 외교와 정보전, 경제적 압박을 비판적으로 바라본다. 다시 말해, "중국과 중국인 전체"가 아니라 "중국 공산당과 그 체제"를 문제 삼는 경향이 강하다.

셋째, 이들의 코리아 퍼스트는 외국인에 대한 무조건적 배제가 아니라 상호주의를 요구하는 태도로 나타난다.

중국인 투표권과 댓글 국적 표기 논쟁은, "중국에서 한국인에게 허용하지 않는 권리를 왜 우리가 먼저 열어줘야 하느냐"는 상호주의 질문에서 출발한다. 외국인 선거권을 모두 부정하기보다, 특히 중국처럼 한국의 민주주의와 여론 형성에 부정적 영향을 미칠 수 있다고 의심되는 국가에 대해서는 더 엄격한 기준을 적용해야 한다고 보는 것이다.

이러한 특성을 감안할 때, 2030세대의 코리아 퍼스트는 "우리 민족이 최고"라고 외치는 감정적 민족주의라기보다는, "한국의 이익을 최우선으로 두는 실용적 국가주의"에 더 가깝다고 할 수 있다.

한국 보수는 이 감수성을 어떻게 읽어야 하는가

2030세대의 대외 감수성은 한국 보수에게 분명한 기회이자 도전이다.

기회인 이유는, 이들의 코리아 퍼스트가 본질적으로 자유·시장·법치·안보라는 전통적 보수 가치와 충돌하지 않기 때문이다. 오히려 "반공보다 멸공, 반북보다 반중"이라는 정서와 상호주의·실용주의에 기반한 코리아 퍼스트는, 보수가 오랫동안 말해 온 국가안보와 자주국방, 자유민주주의 진영의 일원이라는 정체성을 현대적 언어로 재번역한 버전이라고 볼 수 있다.

그러나 동시에 도전인 이유는, 이 세대가 무조건적인 친미나 전통적 반공 구호에는 설득되지 않는다는 점이다.

미국이 한국의 이해관계와 충돌하는 행동을 할 때는 "No라고 말할 수 있어야 한다"고 생각하며 일본과의 관계에서도 "과거사 문제는 분명히 짚되, 미래의 안보·경제 협력은 냉정하게 관리해야 한다"고 본다. 이들이 원하는 것은 "맹목적 동맹"이 아니라 "국익을 전제로 한 전략적 동맹"이다.

한국 보수가 이 감수성을 제대로 읽으려면 몇 가지 전환이 필요하다.

첫째, 외교·안보 담론을 추상적 이념이 아니라 공정의 언어로 번역해야 한다.

"중국에만 유리한 협정을 맺지 말자", "우리 기업과 청년의 기회를 지키자", "우리가 일방적으로 손해 보는 흑자·적자 구조를 바로잡자"는 식의 메시지는 2030세대의 코리아 퍼스트와 공명할 수 있다.

둘째, 북한·중국·러시아를 향한 강경한 태도를 책임 있는 정책 패키지와 함께 제시해야 한다.

제재와 압박, 동맹 강화만을 외치는 것은 쉽지만, 동시에 경제와 산업, 에너지와 공급망 전략을 어떻게 설계할 것인지에 대한 청사진이 뒤따르지 않으면 설득력을 잃는다.

셋째, 2030세대의 실용주의를 존중해야 한다.

이들은 안보 문제에서도 "이 정책이 실제로 효과가 있는가", "세금 대비 성과는 무엇인가"를 따진다. 안보와 외교를 정쟁의 도구로만 사용하면 이 세대는 금세 등을 돌릴 것이다.

2030과 함께 설계하는 코리아 퍼스트

2030세대의 대외 감수성은 더 이상 부수적인 현상이 아니다. 반중 정서와 코리아 퍼스트, 친미-반중 vs 반미-친중 전선, 외국인 선거권과 댓글 국적 표기, 북한에 대한 냉정한 인식까지. 이 모든 요소가 합쳐져, 이 세대는 한국의 외교·안보 지형을 다시 그리는 잠재적 힘을 갖고 있다.

앞서 살펴본 것처럼, 그들의 코리아 퍼스트는 혐오와 배제의 민족주의가 아니라, 경쟁과 공정, 상호주의와 실용주의 속에서 나온 새로운 국가 감수성이다. 이 감수성을 보수·진보 어느 쪽이 먼저 자기 언어로 만들고 제도와 정책으로 구체화하느냐에 따라, 한국의 다음 10년 외교·안보 지형은 전혀 다른 모습이 될 것이다.

한국 보수가 이 기회를 살리려면 과거의 반공 구호와 단순한 친미·반중 이분법을 넘어, 2030세대와 함께 "한국의 이익을 중심에 둔 외교·안보 전략"을 설계해야 한다. 그렇지 못하다면 코리아 퍼스트라는 이름의 거대한 에너지는 언제든 다른 세력의 손으로 넘어갈 수 있다.

다음 제3부에서 다룰 "참 보수의 길"은, 바로 이 2030세대의 대외 감수성을 전제로 삼는다.

참 보수는 더 이상 지난 세기의 반공 보수가 아니라, 2030과 함께 "어떤 한국을 선택할 것인가"를 두고 고민하는 정치가 되어야 한다.

PART 3

한국 보수, 어디로 갈 것인가?

Chapter 10 충청에서 본 우파 재편 지도

균형의 지역에서 결단의 지역으로

한국 보수의 무게중심이 서서히 충청으로 이동하고 있다. 전통적으로 충청권은 한국 정치에서 '캐스팅보트' 역할을 해왔다. 그러나 그 영향력은 대체로 종속 변수의 형태로 나타났으며 정권 교체기의 균형추로 기능하면서도 독자적 정치 주체로서의 자의식을 충분히 드러내지 못했다. '충청대망론'은 반복적으로 제기되어 왔지만, 현실 정치의 주도권으로 이어지지 못한 채 상징적 담론에 머물러 있었다.

김종필, 이회창, 안희정, 반기문 등 걸출한 인물들이 번갈아 가며 충청대망론의 주역으로 거론됐지만, 누구도 그것을 실현하지 못했다. 윤석열 전 대통령 역시 충청 출신이지만, 지역 기반을 토대로 한 정치세력화를 시도하지는 않았다. 충청은 늘 영호남 패권 구도 속에서 강자에게 수렴되는 '캐스팅보트'에 머물렀고 독자적 주체로서의 정치적 자의식을 발현하지 못했다.

그러나 2025년 들어 충청 정치의 흐름은 이전과 확연히 다르다. 충청권은 더 이상 중도의 완충지대가 아니라, 우파 정치의 새로운 동력으로 부상하고 있다. 수도권과 호남의 허리를 가르며 영남과 연대하는 독립적 정치 자의식을 처음으로 드러냈다는 점에서 의미가 크다.

2025년 8월 국민의힘이 장동혁 대표 체제로 돌입하면서 판을 바꾸고 있다. 여론조사기관 조원씨앤아이가 9월 27~29일 실시한 조사 결과에 따르면 충청권 국민의힘 지지율은 50% 안팎으로 민주당을 15%포인트 이상 앞섰고 장 대표가 18.3% 지지율로 차기 대선주자 적합도 1위를 기록했다. 충청 출신 인사가 전국 단위 조사에서 선두에 선 것은 2000년대 초 이회창 전 총재 이후 처음이다.

이는 충청이 더는 '중도의 완충지대'가 아니라, 수도권과 호남의 허리를 가르며 영남과 연대하는 결단의 지역으로 변모했음을 보여준다. 과거 박정희·김종필 연대가 산업화 시기 정치의 구심이었다면 오늘의 영남·충청 연대는 장동혁이라는 정통 우파부터 중도까지 아우르는 실용주의형 리더십을 매개로 한 대중 우파의 새 모델로 진화할 가능성이 크다.

보수 진영에는 이미 다수의 엘리트형 정치인이 존재하지만, 오늘의 유권자는 스펙보다 공감력과 확장성을 중시한다. 충청을 기반으로 한 장 대표의 부상은 이러한 시대 변화를 반영한다. 그는 교육부 공무원 출신으로 행정적 안정감을 갖추었고 판사로서의 경력을 통해 신뢰와 균형감을 확보했다. 동시에 대중과의 친화력과 소통 능력에서도 높은 평가를 받는다.

물론 장동혁 리더십은 아직 '정치적 실험'이자 '검증의 단계'에 있다. 그러나 수도권 2030세대가 공정·실용·자유의 가치에 공감하며 이 신(新)지역 동맹 구도에 호응할 때, 보수는 지역을 넘어 세대와 계층을 아우르는 확장형 우파로 재편될 수 있을 것이다.

새로운 문화전쟁, 2030의 반중 봉기

보수의 세대교체는 선택이 아니라 생존의 과제다. '노무현세대'로 불리는 4050세대가 더불어민주당과 강한 정서적 일체감을 보이는 상황에서 2030세대는 그에 대한 반발로 우파 성향으로 이동하는 흐름이 뚜렷하다.

2030세대는 전혀 다른 정보 생태계 속에서 움직인다. 유튜브, 디시인사이드, 스레드(Threads), 디스코드, 유튜브 쇼츠 등 디지털 서브컬처 공간에서 스스로 의제를 소비하고 재가공하며 기존 언론과는 독립된 정보 확산 구조를 구축했다. 이러한 2030 주도의 정보 생태계와 정치의 결합은 세계적으로 확산 중인 신(新)우파 대중정치 흐름과 맞닿아 있다.

윤석열 전 대통령 탄핵 정국을 거치며 청년 중심의 '자유대학' 시위, 반중 퍼포먼스가 확산됐고 정부의 중국인 무비자 입국 조치와 경찰의 반중 시위 단속은 "반미·반일 선동은 부추기더니 반중은 왜 안 되느냐"는 구호와 함께 거리에서 온라인에서 다시 공연과 가두행진이 결합한 '축제형 자유운동'으로 진화했다.

일자리와 경제를 둘러싼 중국발 위기 인식은 2030 정치 참여의 핵심 동력이다. 같은 조사에서 20대의 77%, 30대의 80%가 "중국인의 지방선거 투표권 박탈"에 찬성했고 20대의 83%, 30대의 91%가 "중국인의 부동산 구매 규제"에 찬성했다. 이는 단순한 감정적 반중이 아니라, 주권과 표현의 자유를 지키려는 상호주의적 자유주의로 해석된다.

세계적으로 일명 트럼피즘이라 불리는 자국민 우선주의와 자유우파 대중정치의 흐름은 세대교체와 결합하고 있다. 한국 보수가 이 흐름을 '극우'로 단순히 낙인찍어 배제한다면 미래의 동력을 스스로 포기하는 우를 범할 수 있다. 6070의 조직력과 2030의 디지털 감수성이 결합하는 세대 동맹만이 보수의 유일한 생존 전략이 될 수 있다는 점에서다.

충청에서 시작된 우파 재편 지도는 바로 이 2030의 반중 봉기, 디지털 의병단, 축제형 자유운동과 맞물려 작동한다. 지역 기반의 정치와 세대 기반의 디지털 정치가 만나는 지점에서 한국 우파는 비로소 "영남·노년 정당"이라는 낡은 이미지를 벗을 가능성을 갖게 된다.

커뮤니티가 만든 정치, 축제형 자유운동

새로운 우파 정치의 가장 큰 특징은 '커뮤니티가 만든 정치'라는 점이다.

기존 보수 정치가 정당 조직과 오프라인 동원, 몇몇 전국 단체와 언론에 의존해 왔다면 이제의 우파 운동은 디지털 커뮤니티와 지역 기반 소모임을 통해 아래로부터 형성되고 있다.

충청을 기반으로 한 장동혁 대표의 부상 역시 이러한 변화와 무관하지 않다. 그는 전통적 조직정치의 산물이 아니라, 반중 집회와 자유대학 시위 등 새로운 형태의 집회와 네트워크 속에서 자신의 리더십을 검증받고 있다. "사법파괴·입법독재 규탄대회"와 같은 대형 집회 현장에서 그는 6070 조직동원과

2030 자발참여가 결합하는 풍경을 지켜보며 이를 새로운 우파 기획의 출발점으로 삼고 있다.

축제형 자유운동은 과거의 '분노형 시위'와는 다른 양상을 보여준다. 집회는 더 이상 분노와 절규, 피로한 구호의 반복만이 아니다. 거리 행진과 공연, 퍼포먼스와 디지털 라이브 방송이 어우러진 하나의 '콘텐츠'다. 참가자들은 집회 현장에서 찍은 사진과 영상을 곧바로 SNS와 유튜브, 커뮤니티에 올리며 온라인과 오프라인 사이를 끊임없이 왕복한다.

이 과정에서 충청은 단순한 지역 거점이 아니라, 새로운 우파 문화를 발신하는 플랫폼이 된다. 광화문과 서초동, 대구와 부산, 광주와 목포를 오가던 기존 정치의 공간 위에 대전과 세종, 천안과 청주, 공주와 논산을 중심으로 한 새로운 우파의 길이 겹쳐지는 셈이다.

보수의 정책 초점을 옮겨라 – 대기업에서 개인으로, 복지에서 기회로

충청에서 시작된 우파 재편은 정치 구도만의 문제가 아니다. 정책의 방향 역시 근본적인 전환을 요구받고 있다.

2030은 경제적으로도 좌파가 아니다. NBS 전국지표조사(2025년 3월)에서 18~29세 63%, 30대 58%가 국민연금 개혁안에 반대했고 기획재정부 국민인식조사(2023년 10월)에서는 20대 75.7%, 30대 67.6%가 보편보다 선별 복지를 선호했다. 이들은 국가 의존보다 공정 경쟁과 재정 건전성을 중시하며 '모두에게 돈을 나누는 정부'가 아니라 '스스로 부를 창출할 자유'를 원한다. 주식·코인·창업·글로벌 투자로 무장한 개인 자본가 세대이기에 대기업 중심 경제의 낙수효과 신화를 믿지 않는다.

따라서 2030세대가 공유하는 경제 비전은 세 가지로 요약된다.

첫째, 반(反)기본소득—모두가 조금씩 가난해지는 평등 대신 성과에 대한 정당 보상.

둘째, 성장 중심—재정확장보다 공정 경쟁과 생산성 제고.

셋째, 자유경제주의 복권—규제 완화·세금 합리화·창업금융 활성화·노동 유연화를 통한 일할 자유의 확대다.

보수는 "대기업이 살아야 국민이 산다"에서 "국민이 자유롭게 일하고 투자할 수 있어야 국가가 산다"로 축을 옮겨야 한다. 자유경제주의는 시장 만능주의가 아니라 노동과 창의의 자유, 그리고 기회의 평등을 보장하는 국민경제적 동맹의 정치다. 문화전쟁이 '표현의 자유'의 회복이라면 경제전쟁은 '부자가 될 자유'를 되찾는 일이다.

충청이 보여주는 새로운 우파 모델은 이 정책 전환과 맞닿아 있다. 장동혁 체제의 충청 우파는 지역 개발과 성장, 창업과 혁신, 청년·중소기업 중심의 경제 전략을 통해 "대기업 중심 보수" 이미지를 넘어서는 길을 모색하고 있다. 수도권과 대기업, 중앙 관료주의에 집중되었던 혁신의 혜택을 지역과 개인에게 나누어 주는 방향으로, 정책의 초점을 이동시키려는 시도다.

충청판 실험에서 한국 보수 전체 재편으로

우파 내부 정치 지형의 변화는 충청에서 시작되고 있다. 균형의 지역에서 결단의 지역으로, 캐스팅보트에서 실질적 주체로. 충청은 영남·수도권·호남을 잇는 허리에서 새로운 대중 우파의 기지로 부상하고 있다.

이 실험은 아직 진행 중이다. 장동혁 리더십은 검증을 남겨두고 있고 2030의 반중 봉기와 디지털 의병단, 축제형 자유운동 역시 방향과 형식을 더 다듬어야 한다. 그러나 분명한 것은, 한국 보수가 과거의 조직과 언어, 정책과 인물만으로는 더 이상 버틸 수 없다는 사실이다.

충청판 실험은 한 지역의 성공담이 아니라, 한국 보수 전체 재편의 모델이다. 영남의 안정적 보수성과 충청의 합리적 중도성이 결합하고 여기에 수도권 2030세대의 공정·실용 감수성이 더해질 때, 비로소 보수는 지역과 세대, 계층을 아우르는 확장형 우파로 거듭날 수 있다.

참 보수의 길은, 결국 과거를 부인하거나 맹목적으로 숭배하는 길이 아니다. 자신의 역사와 성취를 냉정하게 평가하고 잘못은 끊되 자산은 계승하며 새로운 세대와 지역, 시장 질서를 포용하는 보수. 충청에서 시작된 이 실험이 제대로 자리잡는다면 한국 보수의 다음 10년은 지금과 전혀 다른 얼굴을 갖게 될 것이다.

Chapter 11 비상계엄 1년, 정치의 재실험

비상계엄 1년, 나라는 다시 거대한 정치적 실험대 위에 서 있다. 윤석열 전 대통령이 내란 혐의로 재판을 받고 있지만 이 사건의 본질은 법정이 아니라 정치다. 법의 형식을 빌렸을 뿐, 실상은 정치가 법의 언어를 빌려 서로 다른 현실을 주장하는 장면이다. 그러나 더 근본적인 위기는 따로 있다. 제1야당 국민의힘이 이 사태를 자신만의 정치적 서사로 주도하지 못하고 있다는 점이다. 국가정보원, 검찰, 기무사 등 헌정기관이 정치 보복의 도구로 전락하며 국가 시스템이 흔들리는 와중에도, 야당은 이 거대한 권력 드라마의 본질을 서사로 엮지 못한 채 방관자의 위치에 머물러 있다.

법의 언어를 빌린 정치투쟁

비상계엄과 탄핵, 내란 혐의 재판으로 이어지는 일련의 사건들은 겉으로는 헌법과 형법이 작동하는 법치의 풍경을 보여주었다. 하지만 조금만 들여다보면 법의 형식이 정치투쟁의 도구로 사용되고 있음을 어렵지 않게 발견할 수 있다.

내란 혐의의 성립 여부는 냉정한 법리 논쟁의 영역이지만, 지금 벌어지고 있는 일은 법률 해석의 차이를 넘어서 서로 다른 정치 현실을 둘러싼 힘겨루기다. 어느 쪽은 비상계엄을 "헌정 질서를 뒤흔든 내란 음모"로 규정하고 다른 쪽은 "좌파 정권의 사법 보복에 맞선 정당한 자구책"이라는 서사를 내세운다.

법정은 이 두 서사가 충돌하는 무대이지만, 최종 판결이 어떤 결론에 이르든 정치적 논쟁은 끝나지 않을 것이다. 내란 유죄 판결이 내려진다 해도 그것이 곧 "윤석열은 내란 수괴"라는 정치적 낙인으로 굳어질지, 아니면 "정권의 사법 장악과 기소권 남용"이라는 역서사로 되돌아갈지는 또 다른 정치의 시간에 의해 결정될 것이다.

즉, 법정 싸움의 승패만으로 이 사건의 향배를 가를 수는 없다. 문제는 누가 더 설득력 있는 서사를 만들어 국민에게 제시하느냐에 달려 있다.

역효과를 부른 '내란 수괴' 프레임

문재인 정권의 정책 실패와 친북(親北) 노선은 지난 대선에서 윤석열 후보에게 투표했다가 이탈한 중도층조차 쉽사리 이재명 지지로 돌아서지 못하게 만드는 심리적 장벽으로 작용하고 있다.

이 위에 '내란 수괴'라는 과장된 프레임이 덧씌워졌다. 각종 여론조사를 보면 중도 성향 유권자들은 대체로 "계엄은 잘못되었다"거나 "탄핵이 가능할 수도 있다"고 생각한 듯하다. 그러면서도 계엄령 선포가 곧 내란이라거나 윤 대통령이 '내란 수괴'라는 프레임에는 좀더 유보적인 태도를 보였다.

이유는 간단하다. 내란 프레임을 주도하는 사람이 바로 전과 4범이자 공직선거법 1심에서 2년형을 선고받은 이재명 대통령이기 때문이다. 스스로는 '무죄 추정'을 내세우며 각종 의혹 수사에는 "정치 탄압"이라고 맞서면서 아직 재판 중인 전직 대통령에게는 "내란 수괴"라는 극단적 규정을 서슴지 않는 태도는 중도층에게 부자연스럽게 다가왔다.

'내란 수괴' 프레임은 결과적으로 보수의 집결과 중도의 이반을 동시에 불러왔다.

계엄 선포와 탄핵 과정에 비판적인 중도층은 여전히 존재하지만 이들 상당수는 "그렇다고 해서 윤석열을 내란범으로 몰아가야 하느냐"는 지점에서 발걸음을 멈추었다. 이 프레임이 민주주의와 헌정 질서를 지키기 위한 정당한 문제 제기를 넘어, 정적 제거와 정치 보복의 도구로 이용되고 있다는 의심을 떨치기 어렵기 때문이다.

권력분립의 위기와 사법정치

사법부는 이미 이재명 정권의 영향 아래 놓였다는 비판이 거세다. 이재명 대통령 본인의 재판은 중단된 반면 특검은 정권의 의도에 따라 영장을 남발하고 있다. 이진숙 전 방송통신위원장이 정권의 심기를 거스른 발언으로 수갑을 찬 데 이어, 황교안 자유와혁신당 대표까지 체포되는 사태는 상징적 장면이었다.

대통령실은 "내란 동조 공직자를 독자적으로 조사하라"며 '헌법존중정부혁신TF'를 출범시켰고 조은석 특검은 북한에 띄운 드론 사건에까지 '이적죄'를 적용하며 전직 대통령과 참모진을 공범으로 몰아갔다. 이는 헌법이 보장한 권력분립의 원리를 근본적으로 훼손하는 행위이며 국가 안보 시스템마저 위태롭게 한다.

국가정보원·검찰·기무사 등 헌정기관이 정치 보복의 도구로 전락하며 국가 시스템이 흔들리는 와중에도, 야당은 이 거대한 권력 드라마의 본질을 서사로 엮지 못한 채 방관자의 위치에 머물러 있다.

헌정 질서의 위기는 어느 한 정당이나 인물의 문제가 아니다. 사법부와 수사기관이 정권 의지에 따라 움직이는 모습이 반복될수록, 시민은 "법이 더 이상 중립적인 심판이 아니다"라는 확신을 갖게 된다. 법치주의는 법 그 자체보다 법을 집행하는 사람들에 대한 신뢰에 더 많이 의존한다. 지금 한국 사회에서 무너지고 있는 것은 조문(條文)이 아니라 그 신뢰다.

서사가 없는 정당, 프레임에 갇힌 야당

비상계엄 1년 동안 국민의힘이 보여준 태도는 한마디로 '법정 참관인'에 가까웠다.

윤석열이라는, 이 정치 투쟁극의 사실상 주연을 회피한 결과, 국민의힘은 스스로 '내란 정당 프레임' 속에 갇혔다. 추경호, 윤상현, 이철규 의원 등에게 가해지는 '별건 내란동조 수사'와 언론 공세 역시 그 연장선이다. 장동혁 지도부를 탄생시킨 우파 지지층의 다수는 윤석열 전 대통령의 탄핵에 반대하며 계엄을 내란으로 보지 않았다. 그럼에도 당은 '계엄과 선을 긋는 전략'에 머물며 프레임의 늪에서 빠져나오지 못했다.

윤석열 지지층은 전당대회 이후 방관하거나 이탈했고 원내 의원들은 장외 투쟁에 형식적으로 참여해 사진 한 장 남기면 책임을 다한 듯 돌아선다. "총선이 3년이나 남았다"는 자기최면 속에 한쪽은 정치적 거리두기를 즐기고 다른 한쪽은 보신주의적 계산만을 반복하고 있다.

그럼에도 국민의힘은 윤석열의 계엄을 내란으로 단정하는 민주당의 공세에 명확한 입장을 내지 못한 채, "아직 재판 중"이라는 수세적 태도에 머물러 있다. 지도부와 의원 모두가 차례로 '내란 공범'의 표적이 될 수밖에 없는 구조 속에서 그저 프레임을 피하려 애쓰는 형국이다. 그러나 지금 필요한 것은 거리두기가 아니라 돌파다. 정치의 무대에서 서사를 잃은 정당은, 법정에서도 결코 이길 수 없다.

정당이란 결국 이야기를 파는 조직이다. 과거 보수 정당이 "산업화를 이끌고 공산주의 위협으로부터 나라를 지켜냈다"는 서사를 가지고 있었다면 지금의 국민의힘은 "윤석열과 나는 다르다"는 말 말고 무엇을 내세우고 있는가. 당 지도부가 계엄과 탄핵에 대한 입장을 피해 가려 할수록 지지층은 "우리 편을 지켜 줄 의지도 없는 정당"이라는 피로감에 빠져들 뿐이었다.

정치가 다시 신뢰를 얻으려면

비상계엄 1년의 정치는, 한국 민주주의에게 몇 가지 과제를 던지고 있다.

첫째, 법치주의와 권력분립을 회복해야 한다.

내란 혐의 규명과 계엄의 정당성 여부는 분명 법의 문제지만, 법을 동원한 정치투쟁이 반복되는 현실에서는 법치주의에 대한 신뢰 자체가 무너질 위험이 크다. 어떤 정권이 집권하든, 사법부와 수사기관이 "정권의 칼"이 아닌 "헌법의 칼"로 기능할 수 있도록 제도적 안전장치를 강화해야 한다.

둘째, 야당은 서사를 회복해야 한다.

"우리는 내란 정당이 아니다"라는 소극적 부인만으로는 프레임을 깨지 못한다.

계엄과 탄핵, 내란 재판이 드러낸 헌정 질서의 문제, 사법정치의 위험, 권력분립의 붕괴라는 큰 그림을 자신의 언어로 설명해야 한다. 국민의힘이 이 사건을 "윤석열 개인의 일탈"로 축소하는 한, 당은 끝까지 내란 정당 프레임에서 벗어나지 못할 것이다.

셋째, 정치가 다시 신뢰를 얻는 길은 결국 민생에서 시작된다.

계엄과 탄핵, 내란 재판이 아무리 중대한 문제라 해도, 시민의 일상은 여전히 전기요금과 집세, 일자리와 교육, 치안과 복지에 의해 좌우된다. 법정에서의 공방과 프레임 전쟁을 넘어, "이 모든 혼란 속에서 우리 삶을 어떻게 지킬 것인가"라는 실질적 답을 제시해야 한다.

실험대 위의 정치, 다음 단계로

비상계엄 1년은 한국 정치를 다시 실험대 위에 올려놓았다.

법의 형식을 빌린 정치 투쟁, 권력분립의 위기, 내란 프레임과 서사의 부재, 그리고 야당의 무기력까지. 이 모든 요소가 겹쳐져, 지금 우리는 "정치가 법을 어떻게 사용하는가"를 넘어 "정치가 무엇을 위해 존재하는가"라는 근본적인 질문 앞에 서 있다.

이 장이 보여주고자 한 것은, 비상계엄 1년을 둘러싼 평가가 단순히 "누가 잘못했는가"의 문제가 아니라는 점이다.

이 사건은 한국 보수와 전체 정치권에게 "법의 언어만으로는 정치의 위기를 해결할 수 없다"는 사실을 상기시킨다. 서사를 잃은 정당은 법정에서도 패한다. 민심의 지지를 얻는 서사 없이, 어떤 판결도 절반 이상의 국민에게는 '정치적 판결'로 보일 것이다.

다음 장에서 다루게 될 한동훈 변수, 트럼피즘과 광주, 이준석 의제는 모두 이 실험대 위에서 등장한 또 다른 시험들이다.

식물성 우파에서 동물성 우파로, 분열의 보수에서 운영의 보수로 나아갈 수 있을지 여부는 바로 이 비상계엄 1년을 어떻게 해석하고 어떤 서사를 만들어 내느냐에 달려 있다.

Chapter 12 식물성 우파에서 동물성 우파로

비상계엄 사태와 탄핵 1년을 거치며 한국 보수 우파의 얼굴이 바뀌고 있다. 과거 엘리트·기득권 중심의 '식물성 우파'로 불리던 방어적 태도에서 벗어나, 보다 강경하고 대중적이며 싸울 줄 아는 '동물성 우파'로의 변화가 이미 감지되고 있다. 이 과정에서 팬덤 정치는 우파 진영에서도 중요한 생존 전략으로 자리 잡게 될 것이다.

필자는 한동훈 변수와 내부 균열, 트럼피즘의 구조개혁, 광주와 호남을 바라보는 새로운 시각, 그리고 이준석 의제를 둘러싼 갈등을 통해, 한국 보수가 어떻게 식물성 우파에서 동물성 우파로 옮겨가야 하는지를 살펴보고자 한다.

식물성 우파, 왜 한계에 부딪혔는가

계엄 사태 초기 우파 진영은 '레거시 미디어 대 뉴미디어', '엘리트주의 대 대중주의', '제도권 대 장외'로 갈라져 극단적인 분열 양상을 보였다. 대통령 지지율 반등과 함께 보수 진영도 다시 전열(戰列)을 가다듬고 결집하는 형국이지만, 이는 '대중주의 우파'가 대두되는 과정의 성장통이자 체제 전환의 초기 단계일 수 있다. 민주당이 과거 친문(親文) 패권으로 단일대오를 형성하며 정치적 결사(結社)를 이뤘듯, 우파 진영 역시 이념적·정치적 결속을 위한 산고(産苦)를 겪고 있는 것일지도 모른다.

국민의힘은 오랫동안 정통 우파에서 성장한 검증된 정치인들, 중앙 관료 출신, 영남 기득권 인사들에 의존해 왔다. 그러나 이러한 인물 중심·관료 중심 정치 방식은 2030세대와 호남·수도권 유권자들에게 더 이상 매력적인 선택지가 되지 못했다. 계엄과 탄핵이라는 거대한 정치적 위기 앞에서조차 "아직 재판 중"이라는 수세적 태도에 머무르며 법의 언어 뒤에 숨으려는 모습은 식물성 우파의 한계를 적나라하게 드러냈다.

이제 보수는 더 이상 상황을 관망하는 식물성 정치를 계속할 수 없다. 대중과 싸우고 설득하고 책임을 지는 동물성 우파로의 전환이 필요하다.

한동훈 변수 – 내부 균열의 정치학

이 무기력의 틈을 파고든 인물이 한동훈이다. 그는 대여 투쟁의 최전선에 서 있는 듯 보이지만, 실제로는 장동혁 지도부의 기반을 흔들며 보수 내부의 균열을 확대하고 있다. 그의 계산은 명확하다. "윤석열이 무너지면 윤석열 지지층에 기대 선 새 지도부도 함께 흔들릴 것"이라는 냉정한 현실 인식이다.

친한동훈계 스피커들은 언론에 잇따라 등장해 "한동훈이 재보궐에 나서야 한다"는 메시지를 띄우며 동시에 장동혁 지도부를 극우 프레임에 가두는 이중 행보를 보이고 있다. 이는 사실상 분열 조장이자 해당 행위에 가깝다. 그럼에도 여상원 윤리위원장은 김종혁의 해당행위적 언행에 면죄부를 주며 지도부의 리더십을 더욱 흔들고 있다.

이 와중에 '한동훈 사살설', 추경호 의원 구속영장 청구, 장동혁 대표를 겨냥한 의혹 보도가 잇달아 터졌다. 이는 단순한 우연이 아니다. 한동훈계와 좌파 진영이 서로의 이해를 맞바꾸며 형성한 정치적 공생 구조의 결과라는 것이 주류 보수 지지층의 시각이다. 그는 내부의 피로와 불신을 키워 지도부를 약화시키는 한편, 자신은 '보수의 대안'으로 복귀할 명분을 쌓고 있다.

그러나 이러한 방식의 정치적 시위는 결과적으로 보수 진영의 재편을 지연시키고 국민의힘을 '내란 공범 정당'이라는 프레임 속에 더욱 깊이 묶어둔다. 내부 균열의 정치가 결국 당 전체의 정체성과 생존력마저 갉아먹는 악순환으로 이어지고 있는 것이다.

동물성 우파로의 전환은 이런 내부 균열부터 정면으로 마주 보는 데서 시작된다. 보수의 가장 큰 적은 바깥의 좌파가 아니라, 안에 자리 잡은 관료주의·보신주의·기회주의라는 사실을 인정해야 한다.

트럼피즘의 본질 – 분노가 아닌 구조개혁

"싸우지 않는 자, 뱃지를 떼라."

국회의원 3년 만에 당대표에 오른 장동혁의 일성은, 대중이 정치 관료 엘리트에 느끼는 피로와 반감을 정치적 에너지로 전환한 것이었다. 이는 미국의 트럼피즘이 보여준 '대중주의적 구조개혁'과 결이 닿아 있다.

트럼피즘은 흔히 '분노의 정치'로 오해되지만, 그 본질은 보수 내부의 자기 혁신이었다. 트럼프는 좌파의 도덕 독점에 맞서면서도, 보수 엘리트의 위선과 무능을 정면으로 해체했다. "워싱턴을 청소하겠다"는 그의 구호는 좌파보다 먼저 공화당 내부의 기득권, 즉 이름만 공화당원인 정치 귀족층을 겨냥한 것이었다. 그것은 단순한 반(反)진보 운동이 아니라 보수의 자정 운동이었고 제도 정치의 기생 구조를 대중의 참여로 교체하려는 시스템 혁명이었다. 트럼프의 언어는 거칠었지만, 그 속에는 체제의 균열을 복원하려는 냉철한 현실 감각이 있었다. 트럼피즘이 포퓰리즘의 연장이 아니라, 운영 가능한 대중주의의 모델로 남는 이유다.

한국 보수 역시 이 점에서 배워야 한다. 좌파의 선동에 대한 비난만으로는 아무것도 바뀌지 않는다. 우선 스스로의 구조를 개혁하고 엘리트 정치 구조를 깨려는 의지를 보여야 한다. 그때 비로소 대중은 보수가 "기득권의 대변자"가 아니라 "자신들의 삶을 바꾸려는 세력"이라고 인식할 수 있다.

팬덤을 제도로, 감정을 운영으로

트럼프의 힘은 분노를 결집시키는 데에만 그치지 않았다. 그는 팬덤, 미디어, 경제 생태계를 하나의 정치 운영체계로 결합해 감정을 제도로 전환했다. 폭스뉴스 같은 대체 미디어를 통해 여론의 벽을 허물고 팬덤을 정치 자금과 동원력의 원천으로 만들었다. 그의 정치는 전통적 정당이 아니라 실시간으로 작동하는 운영 시스템이었다.

메시지는 개인 채널을 통해 확산되고 지지층은 단순한 관객이 아니라 '참여자'로 기능했다. 이른바 "분노를 네트워크로, 팬덤을 제도로" 바꾼 구조였다. 트럼피즘의 진짜 혁신은 감정의 폭발이 아니라 감정의 제도화, 즉 운영 가능한 대중주의의 구축이었다. 그는 도덕보다 효율, 선언보다 실행을 중시했고 이를 통해 보수가 다시 '운영의 능력'을 회복할 수 있음을 보여줬다.

트럼프 정치의 본질은 투트랙 운영에 있다. 국민의힘은 장외에서 대중과 직접 연결되는 '직거래 정치'를 해야 한다. 청년층이 체감할 수 있는 주거, 첫 직장, 학자금, 병역 공정 등 현실 의제를 "오늘 공언 → 내일 추진 → 콘텐츠로 증명"하는 짧은 실행 루프로 보여주는 것이다. 유튜브, 커뮤니티, 밈 등 뉴미디어를 적극 활용해 여론을 형성하고 그것을 표와 의석으로 환전해야 한다.

원내에서는 '마동석 전략'이 필요하다. 힘, 규율, 속도로 작동하는 의사결정 구조를 세우고 "장외 동원력과 원내 의제·자리"가 맞물리는 명확한 교환 질서를 구축해야 한다. 느슨한 토론정당이 아니라 실행정당으로 진화할 때 리더십은 실질적 구심력을 얻는다. 메시지는 단순해야 한다. "질서 속도, 승리."

그것이 과거 보수가 가장 잘했지만 잃어버린 리더십의 본능이며 지금 다시 회복해야 할 기술이다.

민주당이 신앙형 포퓰리즘으로 '선동의 정치'를 판다면 보수는 운영의 정치로 맞서야 한다. "그들은 선동을 판다, 우리는 질서를 만든다." 국민의힘의 새로운 리더십은 트럼피즘의 감정이 아닌 구조개혁의 본질을 계승해야 한다.

광주를 피하지 않는 보수 – 죄의식에서 자신감으로

장동혁 국민의힘 대표가 광주 5·18 국립묘지를 참배하려 했으나, 일부 급진 시민단체의 폭력적 저지로 끝내 묵념만 하고 돌아섰다. 그 현장은 정치의 장이라기보다 상식과 문명의 경계를 시험하는 무대였다. 대진연 등 종북 성향 단체가 시민단체의 외피를 두르고 "5·18의 수호자"를 자처했지만, 실상은 6·25 침략자를 미화한 정율성을 기리는 세력과 다르지 않다. 국가를 부정하는 이들이 민주화를 독점하는 모순된 장면 앞에서 일부 보수 지지층은 분노했다. "왜 굳이 광주를 가느냐", "이럴 줄 알았다"는 냉소도 뒤따랐다.

한국 보수가 광주를 대하는 태도는 늘 조심스러웠다. "가해자의 후예"라는 낙인을 피하기 위해 고개를 숙이고 상징적 사과로 일관했다. 그러나 이러한 죄의식의 정치는 더 이상 설득력을 갖지 못한다. 장동혁 대표는 이번 방문에서 "5·18 민주화운동의 헌법적 명예회복은 보수 정권, 김영삼 정부 시절에 특별법을 통해 제도적으로 완성되었다"는 점을 분명히 했다. 오히려 민주화운동을 제도권에서 승인한 주체가 보수였다는 점을 되새길 때, 광주는 더 이상 보수의 약점이 아니라 보수의 정치적 자산의 일부가 된다.

이제 보수는 "용서받기 위한 정치"에서 벗어나 "함께 미래를 설계하는 정치"로 나아가야 한다. 광주를 다시 국민의힘의 지평 안으로 끌어들이는 시도는, 그 자체로 보수가 도덕적 열등감과 광주·5·18에 대한 콤플렉스를 벗어던지는 행위다. 장동혁 대표는 계엄과 탄핵 여파로 인해 극단적 시민들의 방해가 예상되는 가운데서도 광주를 찾았고 앞으로도 '월간 호남 프로젝트'로 꾸준히 방문하겠다는 의지를 밝혔다. 광주는 더 이상 사과의 대상이 아니라 설득과 연대의 파트너임을 천명한 셈이다.

실용우파의 확장 – 호남의 주류 블록과 손잡아라

보수의 호남 공략이 번번이 실패한 이유는 분명하다. 국민의힘은 좌파 진영에서 밀려난 전향 우파나 운동권 비주류와 손

잡았고 결과적으로 "비주류의 비주류"들과의 느슨한 연대에 머물렀다. 그러나 진짜 승부는 광주의 주류 세력, 즉 자영업자·전문직·엘리트 관료·2030 실력주의 세대와의 연대에서 시작되어야 한다.

최근 KBC광주방송이 리서치뷰에 의뢰해 실시한 여론조사(광주시 만 18세 이상 1,000명 대상)에 따르면 차기 광주시장 다자대결에서 민주당 민형배 의원이 27.2%, 강기정 시장이 14.1%를 기록한 반면 20대 남성층에서는 국민의힘 안태욱 위원장이 33.6%로 압도적 1위를 차지했다. 이는 일시적 여론이 아니라, 광주 내부의 2030세대가 반중·시장주의·실력주의·규제 완화의 가치를 체감하기 시작했다는 신호다.

이 변화는 이미 지난 대선에서도 감지되었다. 윤석열 후보는 광주 전체 득표율 12.7%에 그쳤지만, '광주의 강남'으로 불리는 봉선2동 제5투표소에서는 39.1%를 기록했다. 이 지역은 전문직, 자영업자, 중산층 신흥 자산가들이 밀집한 곳으로, 문재인 정부의 반(反)시장적 부동산 정책에 대한 반발이 보수 지지로 이어졌다.

따라서 보수는 광주를 과거의 상징이 아닌 경제적 주체로 재정의해야 한다. "운동권의 광주"에서 "경제의 광주"로, "이념의 도시"에서 "기회의 도시"로 전환하는 것이다. 자영업자에게는 세금·규제 완화, 전문직에게는 자율성과 성과 기반 보상, 청년에게는 기회의 사다리 복원을 제시해야 한다. 이념보다 실익, 상징보다 제도, 분노보다 성과다. 의제를 명확히 하고 타깃 지지층을 세분화해 전략적으로 접근하는 것—이것이야말로 광주 공략의 새로운 해법이자 실용우파의 확장 전략이다. 장동혁 대표의 이번 방문은 죄의식 대신 자신감, 방어 대신 제안을 택한 첫 광주행이었다. 이념의 도시를 현실의 도시로, 민주화의 상징을 성장의 상징으로 재정의하려는 첫걸음, 바로 그 지점에서 새로운 보수의 길이 시작된다.

'이준석 가스라이팅'서 벗어나려면 그의 의제를 흡수하라

보수 진영의 '이준석 알레르기'는 분당과 분열의 기억에서 비롯됐지만, 이제는 감정이 아니라 구조로 접근해야 한다. 보수의 세대교체는 인물이 아니라 의제의 문제였다. 이준석이 제기한 2030의 불신, 공정, 세대 교체의 키워드는 여전히 유효하다.

따라서 그를 배제하거나 공격하는 대신, 국민의힘이 그 의제를 흡수하고 제도화해야 한다. 공천 자격시험 등 공정한 경쟁 구조를 마련하고 청년층의 불만을 정책과 제도로 전환할 때 비로소 이준석을 넘어설 수 있다. 이준석을 극복하는 길은 그를 부정하는 것이 아니라, 그가 던진 문제를 운영의 언어로 해결하는 것이다.

국민의힘이 지방선거에서 공천 원칙을 '국잘싸(국민을 위해 잘 싸우는 사람)'와 '일잘싸(일 하기 위해 잘 싸우는 사람)'로 정하고 공천시험과 청년 오디션을 도입한 것은 이러한 방향 전환의 신호다. 이는 단순한 이벤트가 아니라, 연고와 관계 중심의 낡은 공천 문화를 능력과 성과 중심의 시스템으로 바꾸려는 제도 개혁이다. '청년팔이'로 가지 않고 '청년의 니즈'를 실용적으로 수용하며 국민의힘 전체를 바꾸려는 시도다. 보수가 이준석이 완성하지 못한 청년 공정의 구조를 제도화할 때, '분열의 보수'는 '운영의 보수'로 거듭날 수 있다.

결국, 이준석의 단일화 정치에 끌려가지 않기 위해 보수가 해야 할 일은, 그의 지지층이 요구하는 의제를 실용적 시스템으로 흡수해 청년 세대의 신뢰를 되찾는 것이다.

동물성 우파의 조건

보수가 다시 서려면 두려움을 버려야 한다. 이재명 정부의 사법 장악에 맞서 단일대오로 사법투쟁을 벌이고 호남을 피하지 않으며 2030을 외면하지 않는 자기 확신의 정치가 필요하다. 무엇보다 좌파의 언어를 복제하지 않고 보수의 언어로 시대를 재해석해야 한다.

청년층이 요구하는 변화를 제도와 실행으로 완성하고 광주에서 자신감 있게 실용우파의 비전을 제시할 때, 보수는 내란 프레임을 넘어 실용·민생·대중주의 정당으로 확장할 수 있다. 그것이 장동혁 지도부가 열어야 할 새로운 길이다. 죄의식이 아닌 자신감으로, 감정이 아닌 운영으로, 호남과 청년이 함께 참여하는 실용보수의 대연합―이것이야말로 한국 보수가 식물성 우파를 넘어 동물성 우파로 진화하는 첫걸음이다.

ND# Chapter 13 한국형 실용보수의 10년 전략

왜 지금 '한국형 실용보수'인가?

윤석열 대통령의 불발 계엄령 이전에도 이미 한국의 보수 우파는 중요한 전환점에 서 있었다.

엘리트 관료주의와 기득권 중심 정치, 수도권 편중과 지역 기반 붕괴, 젊은 세대와의 유대 약화, 경제적 불평등과 젠더·세대 갈등에 대한 설득력 있는 비전 부재는 곧바로 국민적 신뢰 상실로 이어졌다.

리더십의 부재와 끊임없는 노선 투쟁은 내부 갈등과 분열을 장기화시키며 사실상 공멸적이고 자해적인 정치적 내전을 초래했다. 선거에서 패배할 때마다 책임 공방과 계파 싸움이 반복되었고 승리했을 때조차 정치적 방향성은 모호했다. 그 결과 한국 보수 정치는 역사적으로 축적해온 자산을 제대로 활용하지 못한 채, 스스로를 소모하는 악순환에 빠졌다.

이제 보수 우파는 더 이상 과거 방식으로는 살아남을 수 없다. 어설프게 좌파 노선을 모방하거나 타협하는 것을 멈추고 우파 본연의 강점을 기반으로 청년·지역·시장·문화와 연대하는 지속 가능한 플랫폼을 구축해야 한다. 이는 단순한 선거 전략이 아니라, 앞으로 10년을 버티고 그 이후를 설계하기 위한 구조적 혁신의 과정이다.

'한국형 실용보수 10년 전략'은 거창한 이념 개조가 아니다. 이미 앞에서 살펴본 재료들—2030의 공정 감수성, 디지털 의병단, 충청 중심의 우파 재편, 유럽 신우파의 사례, 스페인의 경제 실험, 하이퍼 젠더 논의—을 하나의 설계도로 묶어, 앞으로 10년 동안 보수가 어디에 힘을 모아야 할지 제시하려는 시도다.

정치 전략: 엘리트주의를 넘어서 지역과 세대를 잇다

난파한 보수를 다시 띄우려면 단순한 반성문이 아니라 구체적인 행동 계획이 필요하다. 필자는 이를 "혁신보수 실천 강령"이라는 이름으로 정리한 바 있다.

첫째, 과거 실패를 극복하고 새로운 비전을 제시해야 한다.

엘리트주의를 혁파하고 기존 관료적 엘리트주의에서 탈피

해야 한다. 국민과 직접 소통하며 대중적 공감을 얻는 우파 정치로 전환해야 한다. 기회주의와 보신주의를 청산하고 정치적 책임과 신념을 바탕으로 일관성 있는 리더십을 구축해야 한다. 국민의 삶과 직결된 경제·안보·복지 중심의 실질적 정책으로 우파의 비전을 구체화하는 것, 여기서부터 실용보수가 시작된다.

둘째, 지역정치의 청년 할당제를 도입해야 한다.

청년 정치인들을 선거철 이벤트로 소모하는 구조를 끊고 지역 의회와 지방자치에서부터 청년 리더십이 성장하도록 해야 한다. 영호남 패권 구도를 넘어, 영남과 호남의 보수 청년이 함께 새로운 정치 어젠다를 제시하는 날, 지역정치는 중앙정치의 변방이 아니라 새로운 중심이 될 수 있다.

"중·수·청"(중도·수도권·청년)을 공략한다며 좌파 우위의 운동장에서만 싸우는 현재의 전략은 보수 근거지 몰락을 외면하는 결과를 낳았다. 이 판을 바꾸기 위해서는 '수도권 vs 지역' 프레임으로의 전환, 그리고 지역 기반 청년 정치의 본격 육성이 필수적이다.

셋째, 정당 내부 시스템을 '국잘싸·일잘싸' 중심으로 재편해야 한다. 공천의 기준은 "라인"이 아니라 "싸움"과 "성과"여야 한다. 국회 안팎에서 국민을 위해 잘 싸우는 사람, 실제로 일을 잘하기 위해 싸우는 사람에게 기회를 주는 공천 원칙이 정착될 때, 보수는 "관리형 정당"에서 "운영형 정당"으로 바뀔 수 있다. 청년·여성·지역 인재에게는 장식용 배지가 아니라, 장기적인 경력과 성장을 보장하는 경로가 필요하다.

이러한 정치 전략의 중심에는 장동혁 체제의 실험이 있다. 충청·영남 연대, 호남 프로젝트, 2030 디지털 네트워크와의 결합은 단순히 인물 교체가 아니라 정치 OS를 갈아끼우는 작업이다.

경제 전략 – 대기업에서 개인으로, 복지에서 기회로

2030세대는 경제적으로도 좌파가 아니다. NBS 전국지표조사(2025년 3월)에서 18~29세 63%, 30대 58%가 국민연금 개혁안에 반대했고 기획재정부 국민인식조사(2023년 10월)에서는 20대 75.7%, 30대 67.6%가 보편보다 선별 복지를 선호했다. 이들은 국가 의존보다 공정 경쟁과 재정 건전성을 중시하며 '모두에게 돈을 나누는 정부'가 아니라 '스스로 부를 창출할 자유'를 원한다. 주식·코인·창업·글로벌 투자로 무장한 개인 자본가 세대이기에 대기업 중심 경제의 낙수효과 신화를 믿지 않는다. 따라서 2030이 공유하는 경제 비전은 세 가지로 요약된다.

* 반 기본소득—모두가 조금씩 가난해지는 평등 대신 성과에 대한 정당 보상.

* 성장 중심—재정 확대보다 공정 경쟁과 생산성 제고.

* 자유경제주의 복권—규제 완화·세금 합리화·창업금융 활성화·노동 유연화를 통한 일할 자유의 확대.

보수는 "대기업이 살아야 국민이 산다"에서 "국민이 자유롭게 일하고 투자할 수 있어야 국가가 산다"로 축을 옮겨야 한다. 자유경제주의는 시장 만능주의가 아니라, 노동과 창의의 자유, 그리고 기회의 평등을 보장하는 국민경제적 동맹이다. 문화전쟁이 '표현의 자유'를 되찾는 일이라면 경제 전선에서는 '부자가 될 자유'를 복원하는 것이 관건이다.

여기에 "정경유착에서 정경동맹으로"라는 관점 전환이 필요하다. 과거의 정경유착이 부패와 특혜의 상징이었다면 앞으로의 정경동맹은 정치와 경제가 국민 삶의 질 향상이라는 공동 목표 아래 투명하게 협력하는 모델이어야 한다. 첨단 산업 육성, 지역 균형발전, 에너지 정책 등에서 정치와 산업이 손을 맞잡는 구조를 만들 때, 보수는 "경제 성장의 동반자"라는 정당성을 회복할 수 있다.

미디어·디지털 전략—지역 언론, 디지털 의병단, 옴니채널 정치

기성 언론과 수도권 방송은 이미 2030세대에게 설득력을 잃었다. 지역 언론과 디지털 플랫폼을 엮어 새로운 보수 공론장을 만드는 것은 단지 메시지 전달의 문제가 아니라 권력 구조를 다시 짜는 일이다.

충주시의 '충주맨' 사례는 지방정부가 디지털 커뮤니티 문화를 접목해 젊은 세대와 소통할 수 있음을 보여준다. 지역 언론의 디지털화는 좌파 편향의 온라인 여론 지형을 극복하는 효과적인 방안이 될 수 있고 보수 정치와 지지층 간 '직거래 시스템'을 만들어낼 수 있다.

유럽 우파 정당들은 이미 디지털 미디어를 활용해 젊은 유권자와 공감대를 형성하며 입지를 넓혔다. 스페인의 복스, 독일의 AfD 등은 소셜 미디어와 디지털 커뮤니티로부터 성장했다. 한국 보수도 디지털 의병단·MZ 인플루언서·지역 언론을 결합한 옴니채널 정치 전략을 구축해야 한다.

광화문·서초 거리 집회와 유튜브 스트리밍, 스레드와 디시인사이드, 지역 언론과 풀뿌리 조직이 동시에 움직이는 정치 OS. 이것이야말로 10년 뒤 한국 보수가 "운영의 보수"로 남을 수 있는 유일한 길이다.

10년 로드맵 – 무엇을 먼저, 어디까지 할 것인가?

마지막으로, 한국형 실용보수 10년 전략을 거칠게라도 시간 순서로 정리해 보자.

* 1~3년
  - 계엄·탄핵·내란 프레임에 대한 보수 내부 서사 정리
  - 공천·조직·미디어 시스템 개편
    (국잘싸·일잘싸, 청년·지역 공천 구조 도입)
  - 충청–영남–호남·2030 연대를 잇는 기반 다지기

* 4~6년
  - 규제 혁파, 창업·투자 환경 개선, 선택과 집중된 복지 정책 실행
  - 군 복무·학업·취업 연계 패키지 가동, 하이퍼 젠더 논의의 제도화 시작
  - 지역 대학·지역 언론 디지털화 프로젝트 본격화

* 7~10년
  - 병역·가족·노동·이민 정책을 하나의 국가 비전으로 엮은 "하이퍼 젠더·패밀리즘 패키지" 완성
  - 정경동맹의 새 모델–기업·지방정부·중앙정부가 공동 프로젝트를 추진하는 구조–정착
  - 보수가 "과거를 방어하는 진영"이 아니라 "다음 10년을 설계하는 진영"으로 재인식되는 지점까지 도달

물론 현실 정치는 언제든 계획을 비웃는다. 그러나 어느 방향으로, 어떤 우선순위로 갈 것인지를 분명히 하지 않는다면 보수는 앞으로도 매 선거철마다 얼굴과 구호만 바꿔 달고 같은 자리에서 출발해 다시 제자리로 돌아오는 일을 반복하게 될 것이다.

한국형 실용보수의 10년 전략은, 궁극적으로 한 문장으로 요약된다.

"보수는 과거를 부끄러워하지도, 과거에 머무르지도 말고 자신이 잘할 수 있는 것—운영, 성장, 공정, 책임—으로 다시 한 번 이 나라의 다음 10년을 설계해야 한다."

PART 4

경제·지역·국방에서 본 미래

Chapter 14 스페인, 유럽의 숨은 엔진인가

유럽의 경제 지형을 한눈에 바라보면 가장 먼저 떠오르는 나라는 독일과 프랑스다.

제조업의 심장과 정치적 중심부로 불리던 이 두 나라는, 그러나 최근 들어 잇따라 위기를 맞고 있다. 독일은 러시아 에너지 의존의 대가로 제조업 붕괴라는 장기 침체에 빠졌고 프랑스는 연금 개혁조차 통과시키지 못하는 정치적 혼란 속에서 리더십의 공백을 드러내고 있다. 유럽연합(EU)은 친환경 규제, 정치적 분열, 관료주의적 통합 기조에 발이 묶여 더 이상 혁신이나 역동성의 기지(基地)를 자처하지 못하는 상황이다.

이 와중에 의외의 이름이 유럽 경제의 희망으로 거론되기 시작했다. 스페인이다.

영국 『이코노미스트(The Economist)』는 스페인을 "유럽에서 가장 역동적인 경제"로 평가하며 "스페인이 유럽 경제의 구원자가 될 수 있다"는 주장을 내놓았다. 관광, 축구, 태양의 나라로만 인식되던 스페인이 이제는 산업 재건의 중심국으로 재조명받고 있다는 것이다. 이 같은 평가는 과장된 낙관론으로만 보이지 않는다. 유럽의 중심국들이 하나둘씩 무너지는 가운데 스페인은 상대적으로 '덜 망한 나라'이자 생존자로 부각되고 있기 때문이다. 오늘날 유럽 대륙은 구조적 위기의 시기를 지나고 있고 스페인은 그 속에서 역설적으로 "숨은 엔진(hidden engine)" 후보로 거론되고 있다.

뉴욕과 비슷해진 유럽, 다른 가격표를 붙인 도시

최근 미국 뉴욕, 유럽의 주요 도시인 암스테르담과 뮌헨을 출장차 다녀왔을 때 체감한 물가는 인상적이었다. 커피 한 잔에 5~6유로, 간단한 점심은 20유로를 훌쩍 넘었다. 유럽의 중심 도시들은 이미 생활비 측면에서 뉴욕과 거의 대등한 수준에 도달했다.

그러나 스페인은 달랐다. 마드리드 중심지조차 임대료는 뉴욕의 60~70% 수준에 머무르고 동네 바에서는 커피 한 잔을 2유로대에 마실 수 있다. 아침식사용 빵인 추로스와 함께해도

5유로 내외면 충분하다. 웬만한 외식도 10~20유로면 된다. 뉴욕에서 베이글과 커피 한 잔에 10~15달러, 레스토랑 식사는 20달러 이내에 해결하기 어려운 점에 비춰 보면 스페인의 생활비 구조는 그 자체로 강력한 생활 기반 경쟁력이자 산업 비용 안정성의 토대가 된다. 마드리드 외곽 도시의 생활비는 미국의 여타 도시와 비교해 체감상 절반 수준이다.

임대료와 생활비만이 아니다. 에너지와 교통비에서도 격차는 뚜렷하다. 독일 뮌헨의 지하철 기본요금은 2.99유로, 뉴욕은 2.9달러인데, 마드리드 시내는 0.6유로에 불과하다. 전기료 역시 유럽 최저 수준이다. 태양광·풍력 중심의 재생에너지 인프라 확충, 러시아산 가스에 대한 낮은 의존도는 스페인을 '친환경 러시아'로 대체할 수 있는 에너지 거점국으로 만들고 있다. 실제로 화학, 제약, 금속 가공 등 에너지 집약적 산업은 스페인에서 빠르게 성장하고 있다.

남미 출신 이민 노동자들이 외식·유통·서비스업 전반에서 월 1000유로 내외의 임금으로 일하며 가격 안정의 핵심 축이 돼주고 있다는 점도 빼놓을 수 없다. 이 모든 요소를 합치면 스페인은 저렴한 에너지, 풍부한 자원, 안정된 사회, 숙련된 인력을 갖춘 나라다. 유럽 제조업이 흔들리는 상황에서 이를 대체할 만한 역량과 조건을 일부 충족하고 있다는 점에서 스페인이 새로운 산업의 거점이 될 수 있다는 주장은 결코 과장이 아니다.

전략 광물과 제조업, '유럽의 공장'이 될 수 있는 나라

스페인은 리튬·구리·우라늄·콜탄 등 전략 광물 보유국이다. 이는 전기차·배터리·반도체·방산 등 미래 산업의 공급망 재편에서 스페인을 중요한 거점으로 만들 수 있는 자산이다.

자동차 산업에서도 스페인은 이미 유럽 2위 생산국이다. 생산성은 EU 평균의 3배에 달한다. 그러나 자체 브랜드는 거의 없고 대부분 외국 브랜드의 중·저가 차량을 조립·생산하는 구조라는 한계를 안고 있다. 말하자면 "유럽의 공장"이 될 수 있는 거의 모든 물리적 조건은 갖추었지만, "브랜드의 나라"로 부상하기 위한 소프트 파워와 기업 역량에서는 아직 길을 찾지 못한 상태다.

이런 상황에서 스페인은 EU 전체 산업 재편의 시험대가 되었다. 에너지 비용·임대료·노동비·자원 조건만 본다면 독일·프랑스보다 훨씬 매력적인 투자처인 것은 분명하다. 남미계 이민 노동자들의 존재는 임금 구조를 낮게 유지해 주고 재생에너지 인프라는 제조업의 경쟁력을 높여 준다. 그러나 성장에는 반드시 사회적 수용성과 정치 리더십, 장기 전략이 동반돼야 한다.

스페인이 진정한 "유럽 경제의 구원자"가 될지, 아니면 또 하나의 "잃어버린 가능성(lost potential)"로 남을지는 바로 여기에서 갈린다.

'모든 것에 반대하는 문화'라는 보이지 않는 벽

스페인이 가진 가장 심각한 구조적 병폐 가운데 하나로 꼽히는 것이 이른바 "모든 것에 반대하는 문화(No to everything culture)"다.

풍력발전소, 광산 개발, 리튬 채굴, 관광지 확장 같은 개발 프로젝트는 사실상 지역 주민과 시민단체의 조직적 반대로 진척되기 어려운 구조다. 심지어 이미 완공된 원자력발전소조차 정치적 반발과 사회적 갈등으로 인해 단 한 번도 가동되지 못한 사례가 있다.

최근 몇 년간 유럽의 재생에너지 확대 흐름 속에서도 스페인에서는 태양광 패널 설치가 '경관 훼손'을 이유로 반대에 부딪히고 풍력단지 조성조차 수년에 걸치는 환경영향평가와 민원조정 절차 때문에 지연되고 있다.

성장을 위한 거의 모든 시도에 반사적으로 "노(NO)"가 튀어나오는 구조. 이것이야말로 스페인의 가장 큰 약점이자 미래를 가로막는 요인이다.

정치 구조 역시 걸림돌이다. 급진 좌파와의 연정 구조로 인해 집권 세력은 기업 친화적 정책보다 이념 우선의 정체성 정치에 기울어 있다. 규제는 강화되고 세금은 높아지며 에너지 기업은 사회적 악(惡)으로 취급받는다. 그 결과 외국인 투자 유치 매력도는 낮아지고 있으며 혁신 프로젝트는 민관 합의에 도달하기조차 어려운 상황에 놓여 있다.

『이코노미스트』의 호평 역시 "실질 성장률"이 아니라 "회복 속도"에 주목한 착시적 순위라는 점을 감안할 필요가 있다. 1인당 GDP는 여전히 동유럽 국가들보다 높지만, 생산성·창업 환경·혁신 역량 등 실질 경쟁력 측면에서는 여전히 개선이 필요하다.

스페인은 분명 좋은 조건을 갖고 있다. 하지만 좋은 조건이 곧 성공을 의미하는 것은 아니다. 성장의 기회를 눈앞에 두고 이념적 고립에 빠지거나 규제와 반발에 갇힌다면 이 나라는 또 하나의 '잃어버린 가능성'으로 남게 될 위험이 크다.

중국 전기차와 '트로이의 목마' 논쟁

스페인의 딜레마는 중국 전기차 문제에서 가장 극적으로 드러난다. 앞서 언급했듯 스페인은 유럽 2위 자동차 생산국이며 생산성도 EU 평균의 세 배에 달한다. 하지만 자체 브랜드는 거의 없고 대부분 외국 브랜드의 중저가 차량을 조립·생산하는 구조다. 이 틈을 중국 브랜드들이 빠르게 파고들고 있다.

유럽 시장에서 중국 전기차 브랜드들이 점점 더 많은 점유율을 차지하자, EU는 고율 관세 부과를 논의하기 시작했다. 그런데 스페인 정부는 의외로 이에 반대 입장을 내놓고 있다.

표면상 이유는 "중국이 스페인산 육류에 보복 관세를 부과할 수 있다"는 우려지만, 실제로는 중국 전기차 업체들이 스페인에 생산 기지를 설립할 가능성과 관련돼 있다는 해석이 우세하다.

스페인이 중국의 유럽 내 생산기지로 전환될 경우, 자국 산업의 수익성은 늘어날 수 있겠지만, 동시에 유럽 제조업 전체를 위협하는 '트로이의 목마'가 될 수도 있다. 이는 지정학적 독립성의 상실, EU 내부 분열, 대서양 동맹의 균열이라는 더 큰 리스크로 연결될 수 있다.

지정학적 관점에서 보면 스페인의 선택은 단순한 산업 전략이 아니라, 중국 자본에 어느 수준까지 의존할 것인지, EU 내부에서 어떤 위치를 차지할 것인지, 미국과의 관계를 어디까지 고려할 것인지를 한꺼번에 포함하는 질문이 된다.

스페인은 지금 유럽이 필요로 하는 거의 모든 요소를 갖춘 나라다. 그러나 그 요소들은 잘못된 의사결정과 정치적 계산에 따라 언제든 "위험 요인"으로 바뀔 수 있다.

숨은 엔진인가, 잃어버린 가능성인가

지금 이 순간, 스페인은 유럽의 산업 재건을 이끌 수 있는 숨겨진 엔진이자, 전략적 시험대에 서 있다.

저렴한 에너지와 임대료, 비교적 안정된 사회, 풍부한 전략 자원, 숙련 노동력. 이 모두를 합치면 스페인은 분명 매력적인 "유럽의 공장" 후보국이다.

하지만 동시에 "모든 것에 반대하는 문화"이념 우선의 정체성 정치, 좌파적 규제 강화와 기업에 대한 악마화, EU와 중국 사이에서의 모호한 줄타기는 이 나라의 장기적인 잠재력을 심각하게 제한하고 있다. 스페인이 진정한 유럽 경제의 구원자로 자리매김하기 위해서는, 개발과 환경, 성장을 향한 투자와 시민들의 삶의 질, EU·중국·미국과의 관계 사이에서 현실적인 균형점을 찾아야 한다.

그렇지 않다면 좋은 조건에도 "정치가 발목을 잡은 나라", "잃어버린 가능성"으로 역사에 기록될 것이다.

한국 보수가 스페인에서 읽어야 할 것들

스페인 이야기는 한국 보수에게 두 가지를 동시에 보여준다. 하나는 "이렇게 될 수도 있다"는 긍정적 가능성이다. 에너지 정책, 노동·이민 정책, 산업 전략을 어떻게 설계하느냐에 따라, 한 나라가 위기의 대륙에서 오히려 기회를 삼는 사례가 될 수 있다는 것. 다른 하나는 "이렇게 될 위험도 있다"는 경고다. 정치적 갈등과 정체성 정치, "모든 것에 반대하는 문화", 규제와 이념의 과잉이 성장의 발목을 잡으면 좋은 조건을 십분 활용하지 못한 채 역사의 주변부로 밀려날 수 있다는 것.

한국은 아직 스페인보다 더 많은 선택지를 갖고 있다. 에너지 정책을 어떻게 짤 것인지, 탈원전과 원전 회귀를 넘어서 실용적 에너지 믹스를 설계할 것인지, 노동·이민 정책을 어떤 기준으로 재조정할 것인지, 중국과의 관계에서 상호주의와 국익을 얼마나 철저하게 관철할 것인지 말이다.

스페인은 유럽의 위기 속에서 뜻밖의 생존자로 부각되었지만, 그 생존이 곧 성공을 의미하는 것은 아니다. 한국 보수가 이 사례에서 배워야 할 것은, 단지 "스페인처럼 값싼 에너지를 확보하자"가 아니라 다음과 같은 문장일 것이다. 좋은 조건은 언제든 나빠질 수 있지만, 나쁜 구조는 스스로 바꾸지 않는 한 절대 좋아지지 않는다. 스페인의 값싼 도시와 풍부한 자원, 그리고 "모든 것에 반대하는 문화"가 함께 존재하는 풍경은, 한국이 앞으로 어떤 선택을 해야 할지를 멀리서 비추어 주는 한 장의 거울이다.

Chapter 15 군대를 브랜드로 만든다는 것

'가고 싶은 군대'는 구호가 아니라 기획이다

한국에서 군대는 여전히 "억지로 끌려가는 곳"이다. 입대 통지서를 받은 스무 살 청년에게 군대는, 인생에서 잘려 나가는 18~21개월이다. 부모 세대의 언어도 바뀌지 않았다. "다녀오면 사람 된다", "남자라면 한 번은 갔다 와야지" 같은 말은 여전히 통념으로 남아 있지만, 병영 사고와 인권 문제, 젠더 갈등, 정치적 논쟁이 이 기억 위에 덧칠되면서 군은 점점 더 부담스러운 의무로 인식된다. 하지만 같은 의무복무제 국가라도 전혀 다른 이미지를 가진 사례가 있다.

싱가포르나 이스라엘에서 군 복무는 "가고 싶어서 가는 곳"은 아니지만, 적어도 "다녀온 것을 자랑할 수 있는 곳"이다. 이곳에서 군대는 청년들이 리더십과 팀워크를 배우고 다양한 배경의 동료를 만나고 사회로 나가기 전 마지막으로 자신을 단련하는 통과의례로 기억된다.

이 차이는 단순한 급여나 시설 수준의 문제가 아니다. 군을 어떻게 설명하고 보여주고 경험하게 할 것인가에 대한 기획의 문제다.

군을 하나의 브랜드로 본다는 것은, 군 조직·복무 환경·복무 후 경력까지를 하나의 경험 곡선으로 설계하는 일이다. "입대 → 훈련 → 보직 → 전역"이라는 행정 절차를 넘어, "이 시간 동안 우리는 당신에게 무엇을 약속하겠다"는 브랜드 약속을 분명히 하는 것이다.

브랜딩의 출발점은 '의인화'

좋은 브랜드는 로고가 아니라 얼굴과 이야기로 기억된다. 사람들은 "국방부"라는 거대한 조직을 사랑하지 않는다. 대신 그 조직을 대표하는 구체적인 얼굴, 한 명의 장병과 장교의 서사에 마음이 간다.

지금까지의 군 홍보를 떠올려 보자. 접호와 제식, 전투 훈련, 상공을 가르는 전투기, 바다 위의 함정 …. 화면 속 군인은 대부분 얼굴이 잘 드러나지 않는 집단의 일부다. 병사 한 명의 이름과 사연, 장교 한 명의 고민과 성장 과정은 거의 보이지 않는다.

브랜딩은 조직을 사람의 이야기로 풀어내는 것에서 시작된다. 군대를 하나의 브랜드로 만들려면 거대한 조직 전체를 설명하기보다 그 안에서 복무하는 한 명의 청년에게 초점을 맞춰야 한다. 그 청년이 입대 전에는 어떤 삶을 살았는지, 어떤 계기로 이 부대에 배치되었는지, 군 생활 중 어떤 순간에 두려움을 느끼면서도 동시에 자부심을 갖게 되었는지, 그리고 전역 후 그 경험이 자신의 삶에 어떤 영향을 미치고 있는지를 담아내는 것이다. 군대에 대한 이야기가 조직 중심의 설명에서 벗어나 한 사람의 성장과 변화를 담은 서사로 전환될 때, 비로소 군은 공감 가능한 브랜드가 될 수 있다. 따라서 군 브랜딩을 시작할 때 가장 먼저 던져야 할 질문은 이것이다.

"이 조직에서 복무한 청년 한 명의 이야기를 3~5분짜리 영상으로 담는다면 우리는 무엇을 보여줄 것인가?"

이 질문에 답하는 과정에서 훈련의 강도, 병영 환경, 부대 문화, 진로 지원, 가족과의 관계 같은 요소들이 단순한 정보가 아니라 한 사람의 이야기를 구성하는 서사적 요소로 재배치되고 그때 비로소 의미 있는 브랜딩이 가능해진다.

고생담이 아닌 성장의 서사

한국에서 군대 이야기는 대체로 두 갈래다. 하나는 "얼마나 힘들었는지"에 대한 고난담이고 다른 하나는 "남자라면 다녀와야 한다"는 의무의 언어다.

2030세대는 고난의 서사나 희생의 미덕만으로는 설득되지 않는다. 이들은 무엇보다 성장과 효율성을 중시한다. 시간이 얼마나 힘들었는지보다, 그 시간을 통해 자신이 어떤 사람으로 변화했는지에 더 큰 의미를 둔다. 따라서 군 스토리텔링의 핵심은 "고생했다"는 감정적 호소가 아니라 "어떻게 성장했는가"라는 구체적 변화에 맞춰져야 한다.

훈련 과정에서 실패를 경험하고 다시 도전했던 순간, 동기나 후임, 간부와의 갈등을 조정하며 배운 소통의 기술, 분대장이나 작업반장, 중대 임무를 맡으며 처음으로 책임을 떠안았던 경험, 그리고 전역 후 첫 직장이나 학업, 창업 현장에서 군 생활에서 얻은 역량이 실제로 발휘된 구체적인 순간들을 담아내야 한다.

미국에서 네이비실 출신 장교들이 쓴 리더십 책들이 수년간 베스트셀러로 자리 잡은 이유는, 그 내용이 단순한 영웅담에 그치지 않고 극한의 압박 상황에서 팀을 이끄는 실용적 원칙으로 번역되어 있기 때문이다. 2030세대는 감동보다는 적용 가능성을, 미담보다는 실질적 가치를 원한다.

한국군도 마찬가지다. 특수부대 몇 곳만이 아니라, 보병·포병·공병·정비·통신·의무·행정 등 각 보직에서 쌓이는 역량이 무엇인지, 그것이 향후 어떤 직무와 연결될 수 있는지를 이야기로 보여준다면 군 복무는 "경력의 공백"이 아니라 프로필에 쓸 수 있는 경험이 된다.

예비역을 최고의 홍보대사로

군 브랜딩의 가장 중요한 청중은 일반 국민이기 전에 장병과 예비역이다. 여론조사 결과를 보면 군에 대한 인식은 복무 경험에 따라 크게 갈린다. 직접 군 생활을 겪은 사람은 "힘들지만 얻은 것이 있다"고 느끼는 경우도 많지만, 복무를 하지 않은 사람(특히 여성과 일부 남성)은 군대를 거의 "부당한 강요"로 기억한다.

이러한 격차를 해소하는 핵심은 내부 커뮤니케이션에 있다. 장병들이 자신의 경험을 스스로 정리하고 표현할 수 있는 체계적인 구조가 마련되어야 한다.

부대마다 장병들이 직접 작성하는 뉴스레터를 운영하거나, 전역한 예비역들이 부대를 방문해 후배들에게 군 생활의 경험과 전역 후 삶의 변화를 공유하는 시간을 갖거나, 장병들이 직접 기획부터 촬영, 편집까지 참여하는 부대 브이로그나 다큐멘터리 프로젝트를 진행하는 것이다.

이런 활동들은 막대한 예산을 요구하지 않는다. 하지만 "내 이야기를 내가 직접 말한다"는 경험은 장병 개인에게는 자존감을 심어주고 조직으로서의 군에는 진정성이라는 자산을 남긴다. 외부를 향한 화려한 홍보보다, 내부에서 스스로 이야기를 만들어가는 과정이 결국 더 강력한 브랜딩의 토대가 된다.

예비역을 위한 온라인 커뮤니티를 공식 채널과 연결해, 복무 경험·불만·제안이 모이고 순환되도록 만드는 것도 중요하다. 예비역이 "군이 우리의 목소리를 듣고 실제로 바꿔 간다"고 느끼는 순간, 그들은 군의 가장 강력한 홍보대사로 변한다.

군대에 대한 사회적 평판은 예비역의 입에서 나온다. 복무 1년 반 동안 아무리 광고를 잘해도, 전역한 뒤 "다시는 돌아가기 싫다"는 한마디가 모든 노력을 무너뜨릴 수 있다. 브랜딩의 핵심은 결국 내부 설득이다.

디지털 미디어 시대, 콘텐츠가 곧 군 이미지다

지금 10대·20대는 군대가 어떤 곳인지 TV 다큐멘터리가 아니라 유튜브·틱톡·커뮤니티 후기로 배운다.

과거 군대 관련 예능 프로그램이 군 이미지 개선에 효과를 보였던 것은 실제 군 생활의 디테일을 그대로 보여줘서가 아니라, 연예인들이 낯선 환경에서 시행착오를 겪으며 성장하는 이야기를 설득력 있게 구성했기 때문이다. 이제는 군이 수동적으로 외부 콘텐츠에 의존할 것이 아니라, 스스로 콘텐츠를 생산하는 주체가 되어야 한다.

신병교육대 입소부터 전역까지의 전 과정을 추적하는 리얼 다큐멘터리 시리즈, 병사와 부사관, 장교, 군무원, 여군 등 다양한 입장의 사람들을 인터뷰한 콘텐츠, 해외 파병 현장이나 재난 구조 활동, 연합훈련 뒤에 숨겨진 이야기들, 병영 생활 적응을 돕는 실용 정보, 진로 상담, 그리고 군대에서 배운 것을 전역 후 어떻게 활용했는지에 대한 후일담까지.

이런 콘텐츠가 지속적으로 축적되면 군대는 더 이상 "아무도 모르는 미지의 공간"이 아니라 "대략 어떤 곳인지 알고 있는 곳"으로 변모한다. 두려움은 정보가 없는 빈자리에서 자라나기 때문이다. 알려지지 않은 것은 상상으로 채워지고 그 상상은 대개 부정적이다.

중요한 것은 포장보다 진솔함이다. 지나치게 미화된 홍보 영상은 금세 간파된다. 오히려 군대의 힘든 점, 고치려는 시도, 실제 변화의 속도를 솔직하게 보여주는 쪽이 신뢰를 얻는다. 뉴미디어 세대는 "광고 같다"는 느낌을 받는 순간 뒤로가기를 누른다.

해외 사례가 던지는 힌트들

이스라엘, 북유럽 몇몇 국가는 이미 군 경험을 사회적 자산으로 만드는 데 성공한 사례로 꼽힌다.

이스라엘에서는 군 복무를 마친 청년들이 스타트업 창업과 하이테크 산업의 핵심 인력으로 성장한다. 특수부대·정보부대 출신이라는 경력은 하나의 브랜드처럼 작동한다. 군에서 배운 침착함, 임기응변, 팀워크는 투자자와 기업에게도 신뢰를 주는 요소다.

노르웨이와 스웨덴 등은 남녀 모두를 징집 대상에 포함시키되, 체력·적성·면담을 통해 선발된 인원만 복무시키는 방식을 택했다. '여성 징병제'는 단지 병력 보충책이 아니라 성 역할 고정관념을 깨는 군 조직의 리브랜딩이기도 했다. 복무를 마친 여성 장병들의 사회 참여율과 리더십 진출 비율이 상승했으며 군 경험이 있는 여성은 공공 부문과 민간 부문 모두에서 "위기 상황에 대한 대응 능력이 입증된 인재"로 평가받고 있다. 한국군이 이 사례를 그대로 적용할 수는 없지만, 핵심적으로 참고할 지점들이 분명히 존재한다.

사회가 군 복무 경험을 어떤 가치로 인정하고 대우하는지, 그 경험을 설명할 때 어떤 언어와 프레임을 사용하는지, 그리고 제도와 문화가 이를 실질적으로 어느 수준까지 뒷받침하고 있는지가 중요하다.

결국 군 브랜딩은 단순히 이미지를 개선하는 마케팅 차원의 문제가 아니다. 내부의 제도적 변화와 사회적 보상 체계가 함께 움직여야 비로소 실질적인 의미를 갖는다. 좋은 이야기는 좋은 현실에서 나오고 그 현실은 제도와 인식이 함께 만들어간다.

'군대 브랜딩'과 정치 사이

군대를 브랜드로 만든다는 것은 국방부 홍보실의 일이 아니다. 징병제 개편, 여성 징병제, 군 가산점, 장병 급여와 복지, 전역 후 경력 인정 문제는 모두 정책의 언어이면서 동시에 서사의 언어다.

7장에서 보았듯, 2030 남성에게 군대는 공정과 역차별, 젠더 갈등이 한꺼번에 얽혀 있는 민감한 공간이다. 이 감정을 방치하면 군은 계속해서 불평과 냉소의 상징이 되겠지만, 그 감정을 인정하고 제도와 이야기를 통해 풀어낸다면 군은 오히려 공정과 책임 윤리를 회복하는 출발점이 될 수 있다.

정치의 역할은 이 논쟁을 "누가 더 희생했는가"를 겨루는 상처 경쟁의 구도가 아니라, "우리가 함께 만들어가야 할 새로운 경험"으로 전환하는 것이다.

군 복무에 대한 실질적인 보상 체계와 경력 인정 구조를 정비하고 여성과 남성 모두가 납득할 수 있는 사회적 책임 분담 방식을 모색하며 2030세대에게 설득력을 가질 수 있는 군 경험의 스토리와 콘텐츠를 개발하는 것이 필요하다.

'가고 싶은 군대'는 결국 브랜딩과 정치가 함께 만들어가는 프로젝트다.

브랜딩은 이미지와 인식을 형성하고 정치는 그것을 뒷받침하는 구조와 제도를 설계한다. 이 둘이 따로 움직이면 청년들은 즉시 그 괴리를 감지한다. "말은 그럴듯한데, 실제로는 아무것도 바뀌지 않았다"고 느끼는 순간, 아무리 정교한 브랜딩도 신뢰를 잃고 무너진다. 이미지와 실체가 일치할 때만 진정한 변화가 가능하다.

장병과 예비역이 군대를 떠올리며 **"그래도 다녀오길 잘했다"** 라고 말할 수 있는 사회, 그 경험을 사회가 정당하게 인정하는 구조를 만들어 내는 것. 이것이야말로 '군대를 브랜드로 만든다'는 말의 실질적 의미다. 그때 비로소 한국군은 "억지로 끌려가는 곳"에서 **"다녀온 것을 당당히 말할 수 있는 곳"** 으로 옮겨갈 수 있을 것이다. 그리고 그런 군대를 가진 나라만이 2030과 함께 설계하는 코리아 퍼스트 시대의 안보 전략을 가질 자격이 있다.

Chapter 16 2030과 함께 그리는 한국의 다음 10년

10년이라는 시간, 2030이라는 세대

10년이라는 시간은 정치에게는 짧지 않다. 한 세대가 사회로 진입하고 다른 세대는 현장에서 물러나는 동안, 국가는 전혀 다른 얼굴을 갖게 된다. 이 책이 천천히 따라온 것은 바로 그 10년의 전조(前兆)였다. 세계 정치의 양극화와 신(新)부족전쟁, 유럽 우파의 부활, 한국 보수의 난파와 재편 가능성, 2030세대의 정치적 각성과 디지털 의병단의 등장, 군대와 젠더 갈등, 반중 정서와 코리아 퍼스트, 충청에서 시작된 우파 재정의, 계엄과 탄핵 정국에서 드러난 헌정 질서의 위기, 그리고 실용보수의 10년 전략까지.

이제 마지막 장에서 우리가 해야 할 일은 이 모든 재료를 바탕으로 "앞으로의 10년, 한국은 어디로 갈 수 있는가"를 그려 보는 것이다.

물론 미래를 정확히 예측할 수는 없다. 그러나 우리가 어떤 선택을 하느냐에 따라 가능한 경로는 달라진다. 이 장에서는 정치·경제·외교·안보 측면에서 두 개의 큰 시나리오를 대비해 보고자 한다.

1. 이대로 가는 한국 – 변화는 말하지만, 구조는 바꾸지 않는 나라
2. 정치의 미래 – '프레임에 갇힌 민주주의' vs '운영의 민주주의'

첫 번째 시나리오, 이대로 가는 정치다. 여기서 정치는 계속해서 프레임 전쟁에 갇혀 움직이지 못한다. 계엄과 탄핵, 내란 프레임, 친미–반중 vs 반미–친중 전선, 젠더·세대 갈등, 부정선거 논쟁 같은 거대한 사건들이 이어지지만 정당과 지도자들은 이 사건들을 하나의 서사로 엮지 못한 채 "당장 버티기"에 급급하다. 내란이냐 아니냐, 수괴냐 아니냐를 두고 법정에서 공방이 이어지는 동안, 시민의 삶과 제도 개혁은 뒤로 밀린다.

제1야당은 계엄과 탄핵 사태에서조차 "아직 재판이 끝나지 않았다"는 말만 반복하며 법정 참관인의 위치에서 벗어나지 못

한다. 여당이든 야당이든, 강한 프레임이 등장하면 잠시 몸을 사리고 여론이 어느 쪽으로 기울지 지켜본 뒤 말을 바꾼다. 그 결과 정치는 "서사를 운영하지 못하는 집단"이라는 이미지를 굳히게 된다.

이 시나리오에서 2030은 점점 더 제도권에서 멀어진다. 탄핵 반대 집회와 디지털 의병단 활동, 광화문과 지역 집회에서 정치적 효능감을 맛보았던 2030세대도, 정당이 자신들의 경험을 제도와 정책으로 흡수하지 못하는 모습을 반복해서 보게 되면 다시 냉소로 돌아갈 수 있다. "우리가 움직여도 결국 구조는 안 바뀐다"는 학습이 쌓이면 가장 위험한 세대가 탄생한다. 정치를 경멸하지만 동시에 가장 강하게 정치에 영향을 줄 수 있는 세대.

반대로 두 번째 시나리오에서 정치는 프레임 싸움을 넘어 실질적 운영의 정치로 전환한다.

계엄과 탄핵, 내란 재판이 드러낸 헌정 질서의 균열을 면밀하게 분석하고 사법·정보·군 기관의 정치적 도구화를 차단하는 제도 개혁을 추진하며 무엇보다 "향후 정권 교체 상황에서도 서로에게 하지 말아야 할 선"에 대한 최소한의 사회적 합의를 만들어내려 한다.

이 과정에서 보수 진영은 더 이상 "윤석열과 거리를 두는 정당"에 그치지 않고 계엄과 탄핵을 둘러싼 고유한 서사와 입장을 가진 정당으로 재정립된다. 계엄이 헌법상 허용된 범위 내에서 어디까지 정당하게 발동될 수 있는지, 그 과정에서 어떤 절차적 결함과 정치적 판단 착오가 발생했는지, 그리고 앞으로 유사한 상황에서 어떤 제도적 장치를 마련해야 하는지를 스스로 검토하고 국민에게 설명하는 것이다.

2030세대는 이 시나리오에서 더 이상 배경이나 들러리가 아니다. 디지털 플랫폼과 청년 인플루언서를 통해 형성한 여론과 에너지가 공천 과정, 정당 운영, 입법 절차와 실제로 연결되고 구체적인 제도 변화로 귀결될 때, 이들은 생애 처음으로 이런 감각을 체험하게 된다.

"우리가 움직이면 정치 구조를 실제로 바꿀 수 있다."

이 감각을 심어주는 것이야말로 진정한 운영의 민주주의다. 참여가 구호가 아니라 결과로 이어질 때, 민주주의는 비로소 살아 움직인다.

경제의 미래 - '조건만 좋은 나라' vs '기회를 여는 나라'

경제에서 첫 번째 시나리오는 "스페인보다 더 스페인답지 못한 한국"이다. 이 경우, 한국은 좋은 조건을 가지고도 정치와 규제로 스스로 발목을 잡는 나라가 된다. 뛰어난 교육 수준, 숙련된 노동력, 세계적 제조·IT 인프라, K-컬처와 반도체, 배터리 등 전략 산업 역량에도 불구하고 에너지·환경·노동·세제·규제 문제에서 이념과 이해관계에 묶여 한 걸음도 못 나간다. 그 사이 기업과 자본, 인재는 조용히 떠나고 남은 시민들은 "예전보다 못살게 된 이유"를 서로에게 돌린다.

스페인의 사례가 보여주듯, 좋은 조건을 갖추고 있어도 "모든 것에 반대하는 정치 문화", 극단적 양극화, 좌우 진영 중심의 정체성 정치에 갇힌 국가는 "실현되지 못한 가능성"으로 남을 수 있다. 반면 실용보수 시나리오에서 한국은 여러 조건을 동시에 변화시키는 국가로 거듭난다.

에너지 정책에서 탈원전과 원전 확대라는 흑백논리를 벗어나 현실적인 전력 구성과 에너지 안보 전략을 수립하고 규제 완화와 투자 환경 개선을 통해 "대기업이 아닌 개인이 성장의 중심축"이 되는 경제 구조를 구축하며 선별적 복지와 교육·재교육 투자로 "복지에서 기회로" 복지 패러다임을 전환하고 불투명한 정경유착을 넘어 투명한 정경협력 모델을 만들어 정치와 산업이 국민 삶의 질 향상이라는 공동 목표 아래 협력하는 방향으로 나아간다.

2030세대는 이 시나리오의 핵심 당사자다. 주식, 코인, 창업,

글로벌 투자로 무장한 개인 자본가 세대인 이들은 이미 자유시장경제와 성과주의 논리에 익숙하다. 이들에게 실용보수는 낯선 이념이 아니라, 자신들이 이미 일상에서 체감하고 있는 경제적 가치관을 정치의 언어로 재구성한 것에 가깝다. 이념이 아니라 경험에서 나온 정치인 셈이다.

외교·안보의 미래-두려움의 언어 vs 코리아 퍼스트의 언어

외교·안보 영역에서 첫 번째 시나리오는 계속해서 두려움의 언어에만 의존하는 한국의 모습이다.

이 시나리오에서 정치권은 여전히 "친미냐 반미냐", "반공이냐 종북이냐", "친중이냐 반중이냐"라는 진영 논리 속에서 맴돈다. 그러나 정작 미국, 중국, 일본, 북한과의 관계에서 한국이 어떤 원칙과 기준을 가져야 하는지에 대한 종합적 전략은 나오지 않는다. 2030세대의 강한 반중 정서와 실용적인 코리아 퍼스트 감각은 "중국을 비판하는 밈 문화"로만 소비될 뿐, 실제 정책으로 구체화되지 못한다.

두 번째 시나리오는 8장에서 다룬 코리아 퍼스트 시나리오다. 여기서 한국은 미국과의 동맹을 재확인하되, "맹목적 동맹"이 아니라 "국익에 기반한 전략적 동맹"으로 재구성한다.

중국과의 관계에서는 상호주의 원칙을 명확히 하고 외국인 선거권, 부동산 투자, 여론 조작 등에 대해서는 더 엄격한 기준을 적용한다. 북한과의 관계에서도 "민족 감성"이 아닌 "비용과 편익, 안보와 경제, 국제 환경"을 냉철하게 따지는 현실주의 노선이 채택된다.

2030세대의 반중·반북 정서는 이 시나리오에서 단순한 감정이 아니라 구체적 정책 의제로 전환된다. 외국인 투표권과 댓글 국적 표기, 간첩과 해킹, 여론전 대응, 딥시크나 전기차, 반도체 등 첨단 산업과 안보가 교차하는 지점들이 실제 정치 이슈가 된다.

이때 보수는 과거처럼 "반공"을 외치는 정당이 아니라, "멸공"을 유머와 정치 전략으로 동시에 활용하는 세대와 함께 코리아 퍼스트 전략을 설계하는 파트너가 되어야 한다. 멸공이라는 말이 분단 체제의 이념적 구호가 아니라 "중국 공산당식 인민주의보다 자유주의 대한민국 체제가 우월하다"는 유쾌한 선언이자, 홍콩과 같은 '중국화'를 거부하는 저항의 언어로 사용될 때, 그 언어는 2030세대에게 비로소 설득력을 갖는다. 이념이 아니라 태도로 작동하는 외교 전략인 셈이다.

2030과 보수, 그리고 새로운 정치 질서

이제 마지막 질문을 던져야 한다.

"2030세대는 앞으로 10년 동안 한국 정치에서 어떤 역할을 할 것인가?"

첨부한 본문에서 이미 여러 차례 서술했듯, 2030세대는 기존의 정파적 개념으로 정의하기 어려운 독자적인 정치 성향을 보인다. 자기주도 학습과 실리를 중시하며 복잡한 논리보다 즉각적으로 이해할 수 있는 정보와 메시지를 선호한다. 젠더 갈등, PC주의, 무지성 팬덤 문화, '너 뭐 돼?'식 개인주의를 동시에 경험하며 특정 정당에 일방적으로 귀속되지 않고 상황에 따라 독립적으로 판단하는 태도를 유지한다.

이들은 이념보다 실리, 국가보다 개인, 기존 관습보다 서브컬처를 기반으로 이해관계를 조정하며 자신에게 최적화된 선택을 하는 세대다. 그러나 동시에 반중·코리아 퍼스트, 기회의 공정성, 자유경제주의, 가족·공동체 가치 등에서 보수와 만날 수 있는 접점을 가장 많이 가진 세대이기도 하다.

유럽 사례를 보면 최근 실용주의·대중주의 우파 정당의 중심에는 MZ세대가 서 있다. 이탈리아의 이탈리아형제들, 스웨덴의 스웨덴민주당, 스페인의 복스와 같은 보수 정당들은 전통적 가치와 현대적 경제 실용주의를 결합한 전략으로 청년층을 흡수했다. 그들은 이민 정책·국가 정체성·경제 불안을 주요 의제로 삼아 기존 좌파·중도 정당이 놓친 감정과 이해관계를 포착했다.

2030 한국 청년의 성향은 이 유럽 보수 정당의 실용주의적 전환과 구조적으로 닮아 있다.

이들은 결과적 평등보다 기회의 공정성을 중시하고 능력과 노력을 기준으로 한 보상을 원한다. 과도한 평등주의나 적극적 차별 개선 조치에 반감을 갖고 있으며 국가가 "모두에게 조금씩" 나누어 주는 것보다, "잠재력을 가진 사람에게 충분한 기회를" 제공하는 것을 더 공정하다고 여긴다. 군 복무·여성 징병제·여가부·할당제 문제에서 나타난 태도는 이러한 성향을 잘 보여준다.

결국 2030세대의 보수 정치 세력화 가능성은 여러 요인이 겹치면서 점점 더 현실적인 시나리오로 자리 잡고 있다.

좌파가 주도해온 교육, 언론, 문화 영역의 헤게모니에 대한 반감, 문재인 정권 시기 경제 정책과 외교 노선의 실패에서 얻은 학습 효과, 디지털 의병단과 팬덤 정치를 통해 축적한 집단 행동의 경험, 그리고 전 세계적으로 확산되는 우파 흐름에 대한 인식이 서로 맞물리며 이들의 정치적 결집 가능성을 높이고 있다.

문제는, 보수 진영이 이 흐름을 정확히 읽고 이를 제도적 기반과 플랫폼으로 전환해 수용할 의지를 갖고 있는가이다. 에너지는 이미 형성되었지만, 그것을 지속 가능한 정치 세력으로 조직하고 운영할 수 있는 구조와 전략이 뒷받침되지 않는다면 이 흐름은 일시적 현상으로 끝날 수 있다. 세대 변화를 정치 변화로 연결하려면 감정을 넘어 시스템이 필요하다.

누구와, 어떤 한국을 선택할 것인가?

앞으로의 10년은 한국에게 두 가지 근본적인 질문을 던질 것이다.

첫째, **"누구와 함께 정치할 것인가?"** 2030세대와 함께 나아갈 것인가, 아니면 이들을 두려워하며 배제할 것인가.

둘째, **"어떤 한국을 선택할 것인가?"** 프레임 싸움에 갇힌 민주주의, 좋은 조건만 갖추고도 활용하지 못하는 경제, 두려움의 언어로만 작동하는 외교·안보를 계속 유지할 것인가. 아니면 운영의 민주주의, 기회를 다시 여는 경제 구조, 코리아 퍼스트 원칙에 기반한 실용 외교·안보로 전환할 것인가.

이 책은 하나의 정답만을 강요하지 않는다. 다만 분명한 것은, 2030세대를 빼고는 어떤 답도 의미가 없다는 사실이다.

2030세대와 함께 그려가는 한국의 다음 10년은 보수가 과거의 유산을 부끄러워하지도, 무조건 미화하지도 않으면서 2030세대의 공정과 실용 감각, 그리고 디지털 역량을 동등한 파트너로 인정하며 세계의 신우파 흐름을 맹목적으로 모방하기보다 한국의 고유한 맥락에 맞게 재해석하고 적용하는 과정이 될 것이다.

이 책에서 살펴본 것처럼, 세계는 이미 양극단 사이의 전쟁 중이다. 그 한가운데 서 있는 한국이 앞으로 어떤 길을 걸을지, 그리고 그 길을 누가, 어떤 언어로 설계할지를 결정하는 일은 이제 더 이상 정치 엘리트나 특정 이념 집단의 전유물이 아니다. 2030세대와 함께, 우리 모두가 함께 써 내려가야 하는 다음 10년의 이야기다.

에필로그

2030과 함께 다시 짜야 하는 한국 보수의 서사

이 책을 쓰는 동안, 가장 자주 떠올랐던 장면은 두 개였다. 하나는 서울 광화문, 다른 하나는 광주 봉선동이다.

여의도에서는 12·3 비상계엄과 탄핵 정국을 거치며 6070 세대와 2030세대가 함께 "세이브 코리아"를 외쳤다. 2030은 더 이상 구경꾼이 아니었다. 유튜브와 커뮤니티에서 정보를 해체하고 다시 엮어내던 손가락들이 피켓을 들고 마이크를 잡았다. "윤석열을 지켜야 한다"는 감정이든, "이재명은 싫다"는 거부감이든, 그 속에는 공통적으로 "이대로 밀리면 우리 세대의 미래가 없어진다"는 위기감이 깔려 있었다. 계엄과 탄핵은 이들에게 첫 번째 정치적 실전이자, 기성 정치에 맞선 최초의 집단 경험이었다.

광주 봉선동은 또 다른 가능성을 보여주었다. 윤석열 후보의 광주 전체 득표율은 12.7%에 그쳤지만, '광주의 강남'이라 불리는 봉선2동 제5투표소에서는 39.1%를 기록했다. 전문직, 자영업자, 중산층 신흥 자산가들이 모여 사는 이 지역에서 문재인 정부의 반(反)시장적 부동산 정책에 대한 반발은 보수 지지로 돌아섰다. 광주 청년층을 대상으로 한 조사에서 국민의힘 후보가 20대 남성에게서 1위를 기록한 사례는 우연처럼 보이지만, 실은 호남 내부 2030의 반중·시장주의·실력주의 감각이 깨어나고 있다는 신호였다.

충청은 균형의 지역에서 결단의 지역으로 올라섰다. 오랫동안 캐스팅보트로만 호출되던 충청은, 장동혁이라는 인물을 매개로 영남-충청 연대의 중심에 섰다. 영남의 안정적 보수성과 충청의 합리적 중도성이 결합할 때 비로소 보수가 전국정당으로 도약할 수 있다는 오래된 명제가, 이제야 비로소 현실적인 이야기로 들리기 시작했다. 이 연대 위에서 2030은 더 이상 "보수를 이해하지 못하는 세대"가 아니라, 실용주의와 공정을 매개로 우파 재편을 요구하는 세대로 등장하고 있다.

광주와 충청, 그리고 2030.

이 세 단어는 앞으로 한국 보수가 다시 서려면 반드시 함께 불러야 할 이름들이다.

그동안 한국 보수의 서사는 대체로 두 축이었다. 하나는 산업화와 반공으로 상징되는 6070의 기억이고 다른 하나는 민주화와 촛불로 상징되는 4050의 기억이다. 2030은 이 두 서사 사이에서 "교육을 통해 진보를 학습했지만, 현실에서는 보수적 선택을 할 수밖에 없는 세대"로 자라났다. 좌파의 도덕 언어가 지배하는 교실과 미디어 안에서 이들은 역차별과 실업, 군 복무와 젠더 갈등, 반중 정서와 코리아 퍼스트라는 전혀 다른 현실을 몸으로 배웠다.

필자가 제안하는 것은, 2030과 함께 이 기억의 구조를 다시 짜 보자는 것이다. 광주를 "영원히 사과해야 할 대상"이 아니라 "함께 성장의 전략을 논의해야 할 경제 파트너"로 재정의하고 충청을 "양쪽 눈치를 보는 균형추"가 아니라 "한 번 결정하면 끝까지 가는 결단의 지역"으로 자리매김할 때, 보수의 지도는 바뀐다. 여기에 2030의 공정·실용 감수성이 결합하면 보수는 자신을 더 이상 "영남·노년의 정당"으로만 설명할 필요가 없게 된다.

윤석열의 고난은, 그래서 단지 한 사람의 정치적 비극으로 끝날 문제가 아니다. 계엄과 탄핵, 내란 프레임과 사법정치, 팬덤과 디지털 의병단의 결집은 한국 보수가 자기 서사를 되찾을 마지막 기회일지도 모른다. 더 이상 박근혜·이명박·윤석열을 부끄러워하며 좌파의 언어로 자기 정당성을 설명할 것이 아니라, "무엇이 잘못됐고 무엇이 옳았는지"를 스스로 정리한 뒤, 고난의 서사를 통합의 에너지로 바꾸어야 한다.

그 과정에서 2030은 보수를 가르는 잣대가 아니라, 보수가 스스로를 시험받는 기준이 될 것이다. 2030이 "이 정당은 우리를 파트너로 인정한다"고 느끼면 보수는 다시 성장할 수 있다. 반대로 "또 한 번 이용당했다"고 느끼면 그때의 손실은 단순한 한 번의 선거 패배로 끝나지 않을 것이다. 앞으로 10년, 한국 보수가 써야 할 서사의 첫 문장은 아마도 이런 말에 가까울 것이다.

"우리는 과거를 부정하지 않고 과거에 머물지도 않겠다. 우리는 2030과 함께, 광주와 충청과 함께, 이 나라의 다음 이야기를 쓰고자 한다."

이 책은 그 이야기를 시작하기 위한 초안에 불과하다. 진짜 서사는 이제, 광장에서 의회에서 지역과 온라인 커뮤니티에서 그리고 각자의 일상 속에서 2030과 함께 다시 쓰여야 한다.

감사의 글

한 권의 책이 세상에 나오기까지는 많은 분들의 도움이 필요하다. 이번 작업에서도 그 사실을 깊이 느꼈다. 무엇보다 『K-드라마 윤석열』에 이어 다시 함께하게 된 투나미스 유지훈 대표님께 깊은 감사를 드린다. 내 지적 여정이 때로는 예측할 수 없을 만큼 넓고 충동적일 때도 그는 언제나 안정된 시선으로 방향을 잡아주었다. 늘 변함없이 나를 믿고 지지해주는 남편, 그리고 따뜻한 응원을 보내주는 가족들에게도 이 지면을 빌려 감사의 마음을 전하고 싶다. 그들의 격려가 없었다면 이 책은 지금의 모습으로 완성되기 어려웠을 것이다.

또한 이제는 친정집처럼 편안하게 느껴지는 이영풍TV의 이영풍 대표님께도 깊이 감사드린다. 좌편향된 언론 환경 속에서도 우파 담론의 공간을 지키기 위해 묵묵히 힘써온 동료이자 선배로서 그가 보여준 헌신과 지지는 내게 큰 힘이 되어주었다.

그리고 윤석열과 장동혁 …

이 책을 마무리하며, 개인적으로 꼭 기록해두고 싶은 이야기가 있다. 나는 하이퍼젠더라는 개념을 연구하면서, 인간의 복합성, 감정의 결, 권력의 상징성이 어떻게 한 사람에게 응축될 수 있는지를 오래 고민해왔다. 2030 세대의 젠더 갈등은 이제 새로운 사회계약으로 마무리하고, 더 생산적이고 미래지향적인 담론으로 나아가야 한다고 믿는다.

재외학자로서 한국 정치에 대한 평론을 시작한 지도 이제 2년 남짓 되어간다. 좌편향적인 언론과 왜곡된 담론 지형 속에서 우리 사회의 전통적 가치와 국가체제가 무너져 내리고 있다는 위기감에서 출발한 나의 지적 논평과 담론 여정—그 고민의 중요한 단초는 내가 직접 경험했던 한 정치인, 윤석열 대통령에게서 비롯되었다..

내가 본 윤석열_강인함과 섬세함이 공존하는 하이퍼정체성

애초에 내가 정치에 다시 관심을 갖게 된 것도 조국 사태에서 비롯됐다. 조국이 청문회에서 뻔뻔한 거짓말을 이어가던 그때, 그에 대한 압수수색과 수사가 본격화되었을 무렵, 나는 윤석열이 대통령이 될 것임을 본능적으로 예감했다. 나는 오랫동안 윤석열을 한국 정치에서 보기 드문 복합적 인물, 말하자면 '한국의 처칠'과 같은 타입이라고 생각해왔다. 강하고 고집스러우면서도, 가까이에서 보면 놀라울 만큼 감정의 결이 섬세한 사람.

보수 우파 정치를 위한 여러 전략을 연구하는 과정에서 나는 윤석열이라는 인물을 비교적 가까운 거리에서 관찰할 수 있는 계기를 가졌다. 그때 내가 마주한 것은, '언론이 악마화한 술꾼에 무능한 윤석열'이 아니라 실제로 존재하는, 지적인 열정과 카리스마가 교차하는 윤석열이었다. 세간에서는 그를 무능한 술꾼으로 폄하하고 악마화하는 데 급급하지만, 실상 그는 아무리 마셔도 흐트러지지 않는 스타일이다. 술에 지는 사람이 아니라 이기는 사람이다. 좌중의 분위기를 자연스럽게 자신 중심으로 끌어올리는 강력한 카리스마를 지녔다.

그와의 대화 장면들을 떠올려보면, 그에게는 귀족적인 우아함이 분명히 존재한다. 윤석열은 지적인 대화를 좋아하고, 자신이 공직자로서 걸어온 길에 대한 무한한 자긍심을 가지고 있다. 술자리를 음모나 흥정의 공간으로 만들지 않는다. 대신 자신의 인생·기질·무용담을 담담하고 품격 있게 풀어내는 자리로 바꾸어버린다.

몇 차례의 만남과 대화를 통해 내가 특히 인상 깊게 느낀 것은, 그는 강한 기세와 함께 상대의 말에 끝까지 귀를 기울이려는 태도를 동시에 지닌 사람이라는 점이었다. 말이 많은 두 사람이 마주 앉으면 특유의 긴장감이 생기기 마련인데, 그 긴장 속에서도 그는 끝까지 예의를 잃지 않으려는 균형을 유지했다. 그런 순간들을 통해 나는 그의 강함과 예민함이 동시에 흐르는 구조를 또렷이 확인할 수 있었다.

나를, 그리고 그를 둘러싼 왜곡과 오해, 그리고 씁쓸한 진실

그러나 윤 대통령과 나의 인연은, 기묘하게도 언제나 비껴갔다. 나는 방송과 칼럼을 통해 레거시 미디어가 씌운 악의적 가면을 걷어내고 윤석열이라는 인간이 가진 강인함·우아함·상남자의 결을 세상 앞에 드러내야 한다고 목 놓아 말해왔다. 뉴미디어와 레거시 미디어 모두에 소구하면서 국민과 직접 호흡을 통해 특유의 매력 발산이 가능한 리더라고 믿었기 때문이다.

하지만 내 목소리는 어느 지점에서 조용히 잘려나갔다. 대통령에게 닿기 직전, 어딘가에서 사라졌다. 말이 전달되지 않을 때의 그 이상한 기류—나는 어디선가 고의로 그 소통의 길목이 막히고 있다는 서늘함을 느꼈다.

특히 『73년생 한동훈』을 쓴 뒤, 대통령과 나 사이에는 설명하기 힘든 냉기와 거리감이 생겼다. 특정 정치인의 이름을 책 제목에 올렸다는 이유만으로 나에 대한 왜곡된 이미지가 생겨나는 건 당연했다. 뒤늦게 나는 대통령 본인으로부터, 나에 대해 잘못된 정보가 전달된 탓에 나의 생각과 제안을 충분히 활용하지 못했다는 취지의 말을 전해 들었다. 그 한 문장에는 '당신이 나를 잘못 이해했다'는 늦은 사과와, 한국 정치라는 공간 안에서 진실이 얼마나 잔혹하게 오염될 수 있는지에 대한 비극적인 자각이 함께 실려 있었다.

윤석열 정권은 기회주의적 관료 엘리트들 한가운데서 제대로 된 정치적 결사를 만들지 못한 채 천천히, 그러나 확실히 고립되었다. 결국 정권은 난파되었지만 그 가운데서도 윤석열 개인은 딱 한 가지에

서만큼은 단 한 치도 물러서지 않았다. 그것은 '통치 행위로서의 계엄'이라는 자신의 법치적 신념이었다. 누가 비난하든, 어떤 프레임이 덧씌워지든 그는 본인의 길을 꺾지 않았다. 그 결기는 많은 이들에게 깊은 울림을 주었다.

법조 엘리트 기득권에게 정치적 박해와 조리돌림을 당했지만, 그 수난의 불길 속에서도 그는 누구도 만들어내지 못한 '굳건한 지지층'을 끌어모았다. 그는 공격받을수록 강해졌고, 고립될수록 상징이 되었다. 결국 그는 하나의 신드롬, 대중 우파의 새로운 서사적 중심이 되었다. 국가 체제와 법치를 수호하는 서사 속에서 윤석열은 더 이상 고립되지 않았다. 추운 겨울 아스팔트에 나선 수많은 시민이 그와 함께 했다.

기회주의·보신주의·관료주의에 물든 엘리트들은 그를 버렸지만, 그 버림받음 자체가 오히려 그를 대중과 결속시키는 운명의 반전이 되었다. 그 수난의 장면들이 새로운 정치적 에너지를 불러일으켰다. 이제, 윤석열의 정치적 여정은 완전히 다른 챕터—새로운 서막을 향해 열리고 있다.

나는 윤석열을 '하이퍼젠더적 리더'의 전형으로 본다. 그에게는 두 개의 세계가 동시에 맥동한다. 초강한 남성성—승부근성, 책임감, 전투성, 그리고 필요할 때 모든 것을 쏟아붓는 비상한 집중력. 그리고 그와 정반대의 축에서 존재하는 초예민한 여성성—정(情), 감정의 결, 섬세한 배려, 디테일을 끝까지 밀어붙이는 집요함.

그는 눈물이 많고, 놀라울 만큼 섬세하며, 누군가의 감정에 다가

가는 공감 능력이 천부적으로 뛰어난 사람이다. 새벽에 일어나 경호원들의 샌드위치를 직접 만들어줄 정도로 정이 깊고, 요리에 능하다는 것은 곧 전체를 조율하고 각 요소의 특질을 살리는 '관리자의 감각'을 지녔다는 의미다. 그는 단순한 '칼잡이'가 아니다. 강한 남성성과 따뜻한 케어링(caring)이 동시에 흐르는, 두 결이 공존하는 보기 드문 리더다.

그가 무대 위에 올라설 때 이 복합성은 더욱 또렷해진다. 미국 의회 연설에서 보여준 그 단단한 배포—외국 생활 경험이라고는 거의 없는 60대 한국 남성이 그토록 명료하고 당찬 영어 연설을 해냈다는 사실 자체가 이미 상징이었다. 그리고 바이든 대통령과의 만찬에서 '아메리칸 파이(American Pie)'를 완창한 장면. 그 순간의 윤석열은 정치인이 아니라 무대를 지배하는 본능을 타고난 엔터테이너였다. 무대의 공기를 읽고, 사람들의 긴장을 풀고, 좌중을 한순간에 자기 중심으로 끌어당기는 매력—그는 그 힘을 타고났다.

강인한 남성성과 예민한 여성성이 한 사람 안에서 충돌하지 않고 공존하는 모습. 나는 그 놀라운 복합성을, 하이퍼젠더라는 개념으로 설명하고자 한다. 대통령은 어느 날 내게 이런 말을 남겼다. "계엄 이후, 심 교수의 책과 칼럼을 모두 읽어보았습니다. 그리고 … 심 교수가 내 측근이었다면 더 좋은 조력을 받았을 거 같습니다." 그 문장은 단순한 칭찬이 아니었다. 그 말에는 그가 겪어온 고독, 정치적 구조의 한계, 그리고 그가 마지막까지 혼자 짊어진 선택의 무게가 조용히 스며 있었다.

그리고 장동혁—
새로운 시대가 요구하는 신우파·뉴국힘의 리더

아마도 대통령의 그 말 때문이었을 것이다. 정치에 대한 관심과 희망을 완전히 접으려 했던 내가 다시 마음을 추스르고, 새롭게 태동한 장동혁 지도부에 전략적 조언을 아끼지 않게 된 것은. 최근 나는 보수 정치판에서 매우 흥미로운 장면을 목격하고 있다. 레거시 미디어와 상당수 원내 세력들이 "한동훈과 이준석을 포용해야 한다", "윤석열을 버려야 한다"라며 결기 있는 척 목소리를 높이고 있다. 왜일까? 그들은 장동혁의 부상, 그리고 보수 내부에서 형성되는 장동혁 일극체제를 본능적으로 두려워하기 때문이다.

내가 오래 지켜본 보수 정치의 감정 구조에는 항상 '윤석열'이라는 존재가 남긴 일종의 로망이 있다. 계파를 초월해 생기는 묘한 감정—애정, 두려움, 질투가 복합적으로 뒤섞인 감정이 그들의 정치 행동을 은밀하게 좌우한다. 이 로망이 충족되지 못할 때, 배제되거나 인정받지 못한 순간 질투는 배신으로, 배신은 공격성으로 바뀌어 돌아온다. 또한 초기에 친윤으로 줄을 섰던 일부 레거시 정치인들은 지금이야말로 자신이 피해자인 척해야 생존할 수 있다고 판단해 더 큰 목소리로 '특검·내란' 프레임을 밀어붙이며 충성 경쟁에 나서고 있다. 그러나 그들이 정말 두려워하는 대상은 한동훈도, 이준석도 아니다. 보수 내부에서 새로운 후계자, 새로운 중심축이 등장하는 것—그들이 정말 두려워하는 지점은 바로 여기에 있다. 나는 이것을 '마이클의 등장'이라고 부르고 싶다. 영화 「대부」에서 비토 콜리오네의 셋째 아들 마이클은 처음부터 권력의 중심에 서려던 인물이 아니었다. 순진하고 바른 생활을 하던 대학생, 집안의 비즈니스와 거리를 두고 살아가려 했던 이방인. 그러나 시대가 요구하는 순간, 그리고 조직의 위기가 닥친 순간, 그는 잔혹할 만큼 단호한 결단력과 냉철한 판단력을 가진 리더로 변모하여 결국 새로운 '대부'가 된다. 이 변화는 '욕망'이 만든 변신이 아니다. 시대가 특정 인물을 중심축으로 밀어올릴 때 벌어지는 피할 수 없는 숙명에 가깝다. 지금 보수 정치판에서 감지되는 불안과 동요는 바로 그 '마이클적 순간' 때문이다.

장동혁이 보수 내부에서 새로운 중심축—새로운 후계자—로 자리 잡아가는 과정 속에서 기득권 정치인들이 느끼는 공포는 단순한 경쟁의식이 아니라 "판이 뒤집히는 것을 본능적으로 감지할 때의 두려움"에 가깝다. 그래서 질투하고, 흔들고, 방해하고, 뒤에서 험담하고, 기득권을 지키기 위해 온갖 추태를 벌이고 있는 것이다. 그러나 시대는 이미 바뀌었다. 대중은 이러한 구태를 모두 꿰뚫어 보고 있다. 이제는 진짜 능력, 진짜 서사, 진짜 정치력만이 살아남는다.

흥미롭게도 나는 장동혁에게서 윤석열 대통령과 닮은 지점을 여러 곳에서 발견한다. 애처가이자 애주가인 점, 탁월한 연설가라는 점, 겉으로는 느긋해 보이지만 결정적 순간에는 정확히 한 방을 날리는 만만디(慢慢遲)의 리듬, 충청 특유의 여유 속에 숨은 단단한 뚝심, 때릴수록 커지고 단단해지는 체급. 겉으로는 강하지만 내면은 여리고 감수성이 풍부한 '울보'라는 점까지 묘하게 닮아 있다.

두 사람 모두 자신의 연설문을 직접 쓰는 정치인이며, 말과 글에 진정성과 힘이 실려 있어 지지층과 일종의 '직거래'를 할 수 있는 스타일이라는 점도 유사하다. 여기에 하나를 더해야 한다. 장동혁은 조직에 대한 헌신성이라는, 일종의 '모성애적 하이퍼젠더성'을 지닌 정치인이다. 또래 남성 정치인들이 한동훈을 시기하고 질투하던 시기에도 오히려 그와 협력하며, 비판을 감수해야 하는 '사무총장'이라는 악역조차 기꺼이 맡았던 사례에서 그 면모가 잘 드러난다. 자신을 앞세우기보다 조직 윤리를 우선하는 그의 태도는 매우 드문 리더십의 형태다.

김문수가 대선 후보였을 때는 마치 후보에게 빙의된 사람처럼 뛰었고, 윤석열 대통령의 대선에서는 대전 선대위원장을 맡아 윤석열의 '어퍼컷'을 직접 재현하며—마치 자신의 선거인 것처럼—보이지 않는 자리에서도 끝까지 에너지를 쏟았다. 이 일련의 과정은 장동혁이 조직의 일에서는 자기 과시보다 헌신을 앞세우는 인물임을 분명히 보여준다. 또한 그는 윤석열 대통령처럼 능글맞고 유연한 개그 감각, 무대 체질적인 에너지를 지니고 있다. 동시에 찰리 채플린을 닮은 광대적 페이소스도 있다.

어린 시절 불우한 환경 속에서 가족을 위해 헌신하던 어머니를 위로하고, 스스로를 버티게 했던 그 웃음과 눈물의 흔적이 지금의 장동혁이라는 캐릭터를 만든 것인지도 모른다. 지금 우파 진영은 패배주의, 상실감, 배신감이 뒤섞인 깊은 침체에 빠져 있다. 이런 시기일수록 장동혁은 유머와 인간미로 위로하고 공감하는 정치, 대중과 함께 울고 웃는 정치를 보여줘야 한다. 그리고 이러한 '엔터테이너적 기질'은 어쩌면 윤석열 대통령과 장동혁을 이어주는 특별한 접점이기도 하다.

윤석열 대통령과 장동혁 대표의 연결 고리는 어쩌면 운명적인 것인지도 모른다. 그는 20대 총선에서 대전 유성갑에 출마해 낙선했지만, 재보궐을 통해 보령·서천에서 당선되었다. 윤 대통령이 김태흠 지사에게 충남도지사 출마를 권하지 않았다면 국회의원 장동혁은 존재하지 않았을 것이다. 따라서 지금의 정치인 장동혁은 윤석열 대통령이 만들어낸 인물이라고 해도 과언이 아니다. 이 시대의 정치적 흐름이 윤석열과 장동혁의 관계를 어떻게 빚어낼지 나는 진심으로 궁금하고 흥미롭다.

장동혁은 전통적 지역정치·당원민주주의·뉴미디어 정치가 하나의 축으로 재편되는 시대에 새로운 리더십의 전형을 보여주는 인물이다. 그는 윤석열이 열어젖힌 거대 의제를 계승하면서도, 한동훈의 세련된 법조 엘리트 이미지와 공보력, 이준석의 청년 의제 흡수력을 정반합적으로 통합할 잠재력을 지니고 있다. 흑수저 출신의 자수성가형 리더, 디테일·정무 감각·감정의 결을 동시에 읽어내는 능력, 정치는 스포트라이트가 아니라 '지속력'으로 살아남는다는 사실을 온몸으로 증명해가고 있는 인물이다.

지금 한국 정치의 난제 속에서 그가 유용한 정치적 자산이자 강력한 정치적 무기로 성장해주기를 바란다. 결국 시대를 움직이는 힘은 사람, 그리고 그 사람의 진정성이다. 이 책 역시 그 믿음에서 출발했고, 그 믿음을 향해 나아가는 작은 기록으로 남기를 바란다.

참고문헌

1. 젠더 갈등·정체성 정치 관련

Lee, S. (2019). Gender conflict perception and social identities: In the context of backlash phenomenon. Asian Women, 35(2), 1–24.

Fukuyama, F. (2018). Identity: The demand for dignity and the politics of resentment. Farrar, Straus and Giroux.

Loury, G. (2024). The anatomy of racial inequality (Updated ed.). Harvard University Press.

Pluckrose, H., & Lindsay, J. (2020). Cynical theories: How activist scholarship made everything about race, gender, and identity—and why this harms everybody. Pitchstone Publishing.

Jung, G. (2025). Narrating gender (un)fairness: Masculinity and young South Korean men's narratives of unfairness. International Journal of Youth and Society. (Ahead-of-print).

2. 융 심리학 관련

Jung, C. G. (1953). Two essays on analytical psychology. Routledge & Kegan Paul.

Jung, C. G. (1959). Aion: Researches into the phenomenology of the self. Princeton University Press.

3. 북유럽 여성 징병·성평등 지수 관련

Heikkilä, J., & Laukkanen, I. (2022). Gender-specific call of duty: A note on the neglect of conscription in gender equality indices. Defence and Peace Economics, 33(5), 603–615.

심규진

심규진은 정치·윤리적 소비자 행동, 소셜미디어 전략, 마케팅 콘텐츠 전략을 연구하고 강의하는 학자이다. 싱가포르경영대학교(SMU) 조교수와 호주 멜버른대학교 전임교수를 거쳐, 현재 스페인 IE대학교에서 커뮤니케이션 및 디지털미디어 조교수로 재직 중이다. 이화여자대학교에서 학사, 미시간주립대학교에서 석사, 시라큐스대학교에서 박사 학위를 취득했으며 2021년에는 여의도연구원 데이터랩 실장으로 활동하며 정책 개발 및 여론 분석을 수행했다.

학자로서 국방부 정책자문위원, 여의도연구원 정책자문위원 등 다양한 국가·공공 기관 자문 프로젝트에 참여했으며 국가기관 여론 분석 및 전략 기획 프로젝트도 다수 수행했다. 또한 싱가포르 교육부와 스페인 과학혁신부의 지원을 받아 연구 프로젝트를 진행했으며, 소비자 윤리, 온라인 행동, 기업 평판 관련 연구를 SCI 등재 저널에 다수 게재했다. 국제커뮤니케이션학회(ICA)에서 Top Faculty Paper Award를 수상한 바 있다.

언론 실무 경험도 풍부하여 CJB 청주방송 기자 및 미디어다음 뉴스 파트장으로 활동하며 이명박, 김문수, 원희룡, 이문열, 정동영, 추미애 등 사회 각계 주요 인사들을 인터뷰했다. 현재는 스페인 마드리드에서 국내 정치뿐 아니라 글로벌 문화 현상 전반에 대한 깊이 있는 분석과 통찰을 바탕으로 유튜브 채널을 운영하고 있다.

채널 검색 @kyujinshim78